다가오는 미래, 축복인가 저주인가

2032년 ————————
4차 산업혁명 이후 삶과 세계

다가오는 미래 – 축복인가 저주인가

초판 1쇄 발행   2022년 2월 28일

지은이   김기홍

펴낸이   최대석

펴낸곳   행복우물

편집   김진영

마케팅   신아영

디자인1   이지현

디자인2   FCLABS

등록번호   제307-2007-14호

등록일   2006년 10월 27일

주소   경기도 가평군 가평읍 경반안로 115

전화   031)581-0491

팩스   031)581-0492

홈페이지   www.happypress.co.kr

이메일   contents@happypress.co.kr

ISBN   979-11-91384-19-2

정가   16,000원

Publisher's Page

다가오는 미래,
축복인가 저주인가

2032년 ————
4차 산업혁명 이후 삶과 세계

김기흥 지음

행복우물

※ 이 과제는 부산대학교 기본연구지원사업(2년)에 의해 연구되었음.

들어가는 말

제목을 두고 조금 오랫동안 생각을 거듭했다.

다가오는 미래를 축복과 저주라는 형태로 다소 강하게 표현하는 것이 합당한가 하는 생각 때문이었다. 모든 일과 사건에는 양면이 있기 마련인데 구태여 그것을 꺼집어 낼 필요는 없지 않을까 하는 그런 생각.

그럼에도 불구하고 이 두 단어를 사용하기로 했다. 그것은 너무 빠른 속도로 변하는 세계와 한국, 그리고 우리 삶의 모습을 독자들이 불현듯 깨닫기를 원했기 때문이다. 깨닫는 것에 그치지 않고, 앞으로 다가올 10년 혹은 20년의 세계에서 성공하기를 진심으로 바랐기 때문이다. 지금 빠른 속도로 진행 중인 4차 산업혁명은 그 정도로 힘이 세다. 그러니, 독자들의 성찰이 어찌 중요하지 않을까!

이 책은 다음 몇 가지의 특징을 가진다.

첫째, 이 책은 통계자료와 아카데믹한 설명으로 넘쳐나는 따분한 책이 아니다. 오히려 너무 쉽게, 재미있게 설명하느라 핵심을 빠뜨린 것이 있을지도 모른다. 통계자료와 그림은 가급적 적게 사용했고, 어렵고 복잡한 설명은 과감히 생략했다.

둘째, 이 책은 미래학의 기본 원칙에 근거해, '메가트렌드'를 집필한 존 나이스비트와 같이, 다가오는 미래를 예측하고자 한 것이 아니다. 그저 20년 가까이 IT산업과 디지털경제의 발전을 연구해 오면서 느끼게 된, 저자의 한국과 세계의 미래, 그리고 우리의 삶에 대한 통찰을 기록해 본 것이다. 경제적인 측면의 통찰에 많은 지면을 할애했지만, 그 통찰은 경제에만 국한되지 않고 사회와 우리 삶에 대한 통찰까지 그 범위를 넓혔다.

셋째, 그래서 이런 이유로 이 책에서는 해답을 제시하기보다는 문제를 제기한 것이 더 많고, 완결된 설명이 아니라 열려있는 설명이 더 많다. 그 열려있는 설명, 혹은 통찰의 연장은 전적으로 독자의 몫이다. 그러니 이 책은 통찰을 기본으로 이런 소용돌이 치는 변화의 시대에 어떻게 하면 자기 중심을 잡을 수 있는지, 혹은 천방지축으로 날뛰는 이 변화의 호랑이 등에 어떻게 하면 올라탈 수 있는지 그 방법 혹은 방향을 말하고자 노력한 결과이다.

넷째, 앞서 말했듯이 이 책은 독자들의 성공을, 최소한 살아남음을 기원하기 위해 쓰여진 것이다. '살아남음'이라는 표현이 불편하다면 미리 양해를 구한다. 저자는 10년 혹은 20년 뒤의 세계와 한국 사회를 그다지 낙관적으로 보지 않기 때문이다. 그런 이유로 1부의 집필에 많은 시간과 노력을 할애했다. 우리의 삶이 어떻게 변하고 우리가 어떻게 하느냐가 무엇보다 중요하기 때문이다. 고백하건대 지독히도 까다로운 아들과 대화를 하는 기분으로 써 내려갔다. 때로는 호통을, 때로는 두 손을 번쩍 들기도 했다. 보는 만큼, 아는 만큼 느낄 수 있었으면 한다. 2부는 산업과 기업의 변화, 3부는 전 세계적인 변화의 방향을 설명했지만, 그 근저에는 내가, 우리가, 우리 기업이 어떻게 하면 좋은가 하는 깊은 고민이 담겨있다.

이 책을 읽고 20년 뒤의 미래, 4차 산업혁명의 내용에 대해 조금 더 알기를 원한다면 저자가 2020년에 집필한 『제4차 산업혁명: 급변하는 디지털경제, 불확실한 미래사회』(법문사 발행)의 일독을 권한다. 이 책은 사실 많은 부분이 법문사 책의 연장선 상에 놓여있다. 그래서 필요한 경우를 제외하고는 그 출처가 법문사 임을 따로 밝히지는 않았다. 어떤 의미로는 조금 진지한 법문사 책에서 미처 다하지 못한 조언이나 충고를 이 책을 통해 풀어낸 것으로도 볼 수 있다. 사실, 우리에게 필요한 것은 객관적인 통계자료나 사실(事實)보다는 그것을 보는 눈, 안목, 혹은 패러다임이기 때문이다.

이 책이 나올 즈음이면, 저자는 또 다른 변곡점을 눈 앞에 두고 있을 것이다. 저자 역시, 독자들에게 강조한 것처럼, 또 다른 환골탈태를 모색할 것이다. 그런 자세는 이 세상 소풍이 끝날 때까지 간직하려 한다.

세상에는 변하지 않는 것이 없다. 인걸(人傑), 자연, 문화, 경제. 어느 하나 한 자리에 머물러 있는 것은 없다. 웃는 마음으로 모든 것을 받아들인다. 변하지 않는 것이 없다는 그 사실까지도.

마지막으로 이 책의 출판을 기꺼이 맡아주신 행복우물출판사와 편집부, 도움주신 모든 분들께 감사의 말을 드린다.

2022년 1월

금정산을 바라보는 연구실에서

지정(止靜) 김 기 홍

다가오는 미래, 축복인가 저주인가?

〜〜〜〜〜〜〜〜〜〜

I.

2010년 2월, 영국의 BBC는 '사이버 혁명: 우리는 무엇을 창조했는가?(The Cyber Revolution: What have we created)'라는 특집 프로그램을 방송했다. 왜 하필 2010년일까? 스티브 잡스의 애플이 아이폰을 출시하여 모바일 혁명(디지털경제 2.0[1])의 불길을 당긴 것이 2007년이다. 그러니, 2010년이면 그 혁명이 본 궤도에 오르기 시작한 시점이다. 그 시점에서 BBC는 모바일 혁명의 원동력이었던 인터넷이 어떤 과정을 통하여, 어떻게 만들어진 것인지, 그리고 인터넷이 세계의 경제, 사회, 정치에 어떤 영향을 미칠 것인지를 다방면으로 검토한 것이다.

이 특집 프로그램의 부제(副題)는 새겨들을만하다. 그것은 다음과 같다: '상호 연결된 우리의 디지털 세계는 축복인가, 저주인가?(Is our wired digital world a blessing or a curse?)' BBC가 의도한 것은 모바일 혁명 (디지털

경제 2.0)에 의해 세계가 본격적으로 연결되기 시작한 시점에서 IT와 인터넷의 영향을 돌이켜보고자 한 것이다. BBC의 이에 대한 결론은 무엇일까? 축복일까, 저주일까? 이 질문에 대한 답은 현재 진행형이다. 어느 시점을 경계로 해서 분명히 답할 수 있는 문제가 아니다.

디지털경제 3.0 혹은 제4차 산업혁명의 와중에서 우리는 비슷한 질문을 던질 수 있다. '앞으로 10년에서 20년, 제4차 산업혁명이 가져다 주는 미래는 우리에게 축복일까, 저주일까?'

II.

2040년의 미래!

가장 먼저, 이때 쯤 현재의 20~30 세대(MZ 세대라고 해도 좋다)가 우리 사회의 허리를 이루게 된다. 40세에서 50세의 나이. 전도양양하지 않은가? 하지만, 한국은 2017년에 이미 고령사회(65세 이상의 인구비율의 전체 인구의 14%를 넘는 것)에 진입했고 2040년 경이면 초고령 사회(65세 이상 인구의 비율이 전체 인구의 20%를 넘는 것)에 진입한 지도 오래될 것이다. 누가 누구를 부양하나? 우리는 다 노인이 아닌가? 그러니 한국 사회는 요동치지 않을 수 없다.

그렇지만 그런 변화는 앞으로 20년 이 세계가 경험하게 될 변혁과 비교하면 조족지혈일 수 있다. 지금은 느끼지 못할 수 있으나, 2040년이 되면 우리가 어떤 변혁의 강을 건너왔는지, 그리고 그 강을 잘 건너왔는지 그렇지 않은지 알 수 있게 된다. 변화와 혁명의 강이다. 단순한 인구구조의 변화가 아니라, IT와 인터넷을 바탕으로 한 새로운 기술과 산업의 변화, 지중해와 대서양을 거쳐 이제 개화되는 태평양 시대, 코로나 판데믹을 넘어선 절박한 기후 변화, 그리고 이를 바탕으로 한 역사와 사회의 새로운 패러다임이 우리를 기다린다. 10년이라는 세월은 강산을 바꾸지만, 앞으로의 20년은 우리 삶을 송두리째 바꾸게 된다.

인류의 역사가 보여주듯이, 기본적으로 이런 변혁은 긍정의 기운을 띤다. 아니, 새로운 산업혁명, 세계 헤게모니의 변화, 패러다임의 변화가 기다리는 이 시기를 긍정의 마음으로 맞이해야 한다. 하지만, 그 변혁의 기미를 눈치 채는 것과 그렇지 못한 것은 하늘과 땅의 차이다.

건너야 할 우울한 5~6년

하지만, 그 무한긍정의 대변혁 시대로 접어들기 위해서는 앞으로의 고통스러운 5~6년을 견뎌야 한다. 엄동설한의 강 위를 건너야 한다.

무엇보다 먼저, 2008년에 시작된 국제금융위기가 끝나지 않은 시점에 코로나 판데믹이 엎친 듯이 다가왔다. 광범위한 백신의 보급으로 미국이 먼저 회복되고 있지만 EU(특히 독일)와 일본은 제각각 디플레이션의 악몽과 잃어버린 20년의 꿈에서 아직 헤어나지 못하고 있다. 러시아, 멕시코, 브라질 같은 신흥국은 부족한 백신과 원자재 가격의 조정으로 경제회복이 주춤거리고 있다. 중국은 수출위주의 경제를 내수위주로 변화시키는 구조조정의 와중에 코로나 사태까지 겹쳐 허덕이고 있다. 그러니 대외

의존도가 높은 한국으로선 만만치 않은 파도를 만난 셈이다. IT와 인터넷 등 발달한 기술과 인류의 헌신적인 노력으로 위드 코로나를 거쳐 그 출구를 향해 가고 있지만, 그 출구 너머 무엇이 기다릴지 아무도 알지 못한다. 인플레이션, 스태그플레이션, 폭발 지경의 빈부격차, 아니면 다시 마주한 기후 위기!

이 뿐 아니다. 패권전쟁으로 대표되는 미국과 중국의 무역전쟁은 잠시 휴전하는 듯 하더니 다시 열전의 길로 가고 있다. 한국과 일본의 무역분규도 언젠가 과거의 일로 될 것이지만, 아베 이후 일본이 가는 길은 사뭇 불안하다. 미국과 북한의 핵무기 협상 결과에 따라서 한반도의 명운이 갈릴 수도 있다.

살얼음 위를 걷는 마음으로 향후 5~6년 간 (이게 짧으면 얼마나 좋을까) 구조조정에 나서지 않을 수 없다. 우울한 기분을 어쩔 수 없지만, 무한긍정의 미래를 바라보며 정치, 경제, 사회 심지어는 교육 부문까지 구조조정에 나서야 한다. 구조조정의 방식도 중요하지만, 어떤 방향으로 무엇을 염두에 두고 하느냐가 더 중요할 것이다. 특히 이 변혁의 시기에는 그 방향 설정이 구조조정의 성패를 좌우할 수 있다.

상상할 수 없는 변화의 물결

누구나 다 안다고 한다. 하지만, 20년 뒤 지금 우리를 뒤흔들고 있는 제4차 산업혁명의 물길이 우리의 삶을 어떻게 바꿀지 조금이라도 진지하게 생각해 본 적이 있을까? 20년 전인 2000년 초, 초기 슈퍼컴퓨터의 성능을 능가하는 컴퓨터(스마트폰이 그렇다)를 우리가 매일 가지고 다닌다는 것을 상상할 수 있었을까? 아바타라는 영화의 마지막에서 '조 샐다나'가 연기한 '네이티 리'는 실제의 자기를 버리고 아바타인 나비족을 택한다. '에이 영화니까'라고 할지 모른다. 20년 뒤에는 우리가 현실이라고 부르는 이 삶에 만족하지 못한 나머지 가상공간에서 새로운 자기를 만들어 전혀 다른 삶을 살아가는 사람을 만날 수 있다. 메타로 페이스북의 사명(社名)을 바꾼 마크 저커버그는 어떤 면에서 선구자일 수 있다.

무엇을 말하는 것일까?

지금 우리는 인공지능과 사물인터넷이 만들어가고 있는 새로운 산업혁명의 와중에 있다. 단순히 조금 더 성능이 뛰어난 스마트폰을 만들고 인터넷 속도를 더 빠르게 하는 것이 아니다. 제품과 서비스를 바꾸고, 산업을 바꾸고, 그래서 우리의 사회, 교육, 문화, 마지막으로는 우리 삶 자체를 바꾸는 것이다. 이 책에서 계속 언급할, 인공지능, 로봇, 사물인터넷, 자율주행차 등은 지금까지의 사업과 비즈니스 방식 뿐아니라 우리의 삶에 일대 전환을 요구하게 된다. 실감이 나지 않을 것이다. 그렇다면, 2007년 1월 스티브잡스가 샌프란시스코에서 출시한 아이폰이 우리 경제와 삶을 어떻게 바꾸었는지, 그리고 앞으로 어떻게 더 바꿀지 한번 생각해 보라.

모바일 혁명이라는 말은 과장이 아니다.
4차 산업혁명은 더 이상 과장이 아니다.

한국은 무엇을 하고 있는가?

그런데 한국은 무엇을 하고 있는가? 세계는 한국을 인터넷 속도가 세계에서 가장 빠른 나라로 칭송한다. 투 썸즈 업(two thumbs up: 최고다). 하지만, 거기까지다. 그 인터넷의 바다를 종횡무진 누비고 다니는 것은 누구인가? 애플, 구글, 아마존, 넷플릭스다. 삼성전자가 하드웨어에서 고군분투하고 있지만, 소프트웨어와 컨텐츠에선 다른 해외 IT 기업들과 아직 게임이 안된다. 미래 역시 불안하지 않은가? 한 수 아래라고 봤던 중국이 이 4차 산업혁명의 세계에서 앞서 나간다. 마윈(Jack Ma)의 알리바바, 레이쥔(Lei June)의 샤오미는 각각 전자상거래와 스마트폰에서 발군의 성과를 내고 있다. 한국이 금융규제로 주춤하는 사이, 미국은 물론 중국마저 핀테크에서 앞서 나가고 있다. 인공지능은 두 말할 필요도 없다. 언제 이렇게 성장했을까?

그 거대한 산업혁명 밑에 또 다른 큰 흐름이 있다. 지중해와 대서양을 거쳐 태평양의 시대가 눈 앞에 열리고 있고, 그 가운데에 일본이 아닌 중국이 있다. 헤게모니의 변화다. G2의 시대가 가고 G1의 시기가 온다는 것은 알고 있지만 그것이 의미하는 바는 실감하지 못하고 있다. 이런 시대, 미국, 일본, 중국 그리고 북한과는 어떤 관계를 유지해 나가야 할까?

가장 많이 공을 들일 수밖에 없는 곳은 미국이지만, 경제적으로 미국보다 더 긴밀한 중국과의 관계는 다시 한 번 챙겨야 한다. 20년 뒤, 중국은 지금까지 미국이 그렇게 해 온 것처럼 제법 현명하게 세계 변화의 흐름을 주도하고 있을까? 아니면 미국과의 냉전이 (그래서는 안되지만) 또 다른 열전으로 변하지는 않을까? 어느 경우라도 세계의 모든 나라가 중국으로 와 조공을 바친다는 소위 만방조래(萬邦朝來)라는 중국의 잠재의식은 변하지 않을 것 같다.

우리의 아픈 손가락, 북한은 어떻게 해야 하나? 4차 산업혁명의 시대, 이 변화의 거대한 파도가 폭풍처럼 다가오는데, 우리는 이 아픈 손가락을 어떻게 치유해야 하나?

깨어서 그 물결을 지켜보고 준비하자

가장 필요한 것은 깨어있는 것이다. 산업혁명과 헤게모니의 변화, 그리고 이에 따른 패러다임의 변화가 언제 물밀듯이 찾아와 우리를 넘쳐 누를지 모른다. 아니 조금만 주위를 둘러보면 지금 우리 주변에 그 변화는 이미 와 있다.

찾아올 신랑을 맞이하는 신부의 마음으로, 다가오는 2040년의 새 물결을 긍정의 눈길로 바라보아야 한다. 늘 그런 것처럼 미래는 깨어서 준비하는 자의 것이다.

그러나 말이다.

지금 한국의 정치인들은, 한국의 기업들은, 한국의 미래를 책임질 새로운 세대들은 이 새로운 물결을 어느 정도 알고, 어느 정도 준비하고 있을까?

다가오는 미래가 축복일지, 저주일지,

지금 알 수 있지 않을까?

목차

제 3 부: 끝없이 변하는 세계

I

우리의 삶

지구는 평평하다(The earth is flat)!

지금 누가 이런 주장을 한다면 어떻게 생각해야 할까? 말도 되지 않는다는 반응이 나올 것이다. 그렇지만, 진지하게 이런 주장을 하는 사람들이 있다. 그것도 상당히 많이. 미국의 과학잡지 '사이언티픽 아메리칸(Scientific American)'이 2018년 조사한 결과에 따르면 미국인의 약 2%가 이런 주장을 믿는 것으로 드러났다.[2] 대략 650만 명 정도다. 미국의 아폴로 우주선이 우주에서 찍은 지구 사진을 보여줘도 이 사진이 음모론적인 관점에서 조작된 것이라고 생각한다. 심지어 평평한 지구에 대한 학회까지 조직되어 있다. '평평한 지구 학회(Flat Earth Society)'라는 이름의 이 학회에는 약 10만 여 명의 회원들이 가입되어 있다. 이들은 '평평한 지구 국제콘퍼런스(FEIC: Flat Earth International Conference)'를 조직해 2017년부터 매년 국제학회를 개최할 정도다. 유튜브에 지구는 평평하다는 검색어를 입력하면 생각보다 훨씬 많은 동영상이 있음을 알 수 있다.

지구는 둥글다는 과학적 진실을 받아들이기 위해 인류는 매우 오랜 희생과 대가를 치러야 했다. 갈릴레오 갈릴레이 이후 눈으로 확인할 수 있는 객관적인 증거가 명백해진 후에야 지구는 평평하다는 주장은 사실이 아닌 것으로 드러났다. 그런데, 지금 새삼스럽게 지구는 평평하다고 주장하는 사람들은 도대체 무엇을 믿고 있는가?

나날이 증가하는 확증편향

과학적, 역사적 증거가 분명함에도 불구하고 그것과 반대되는 견해 혹은 의견에 집착하는 경향을 확증편향(Confirmation Bias)이라 한다. 'A는 B이다'라는 것을 하나의 확신으로 받아들이고, 이것과 반대되는 모든 증거와 주장을 받아들이지 않는다. 어느 경우에도 관계없이, 자신의 생각이나 신념을 확인하려고 한다. 쉽게 말해 보고 싶은 것만 보고 듣고 싶은 것만을 듣는다.

보통의 사람들은 과학적, 역사적 증거나 사실이 있는 경우 자신의 생각이 잘못되면 그것을 수정해 나간다. 확증편향을 가진 사람은 그렇지 않다. 이 확증편향이 과학적 사실과 관련된 경우에는 그저 무시하는 것으로 충분하다. 과학적 참(true)과 거짓(false)이 분명히 드러나기 때문이다. 그렇지만, 과학적 사실이 아닌 사회적 사실 혹은 어떤 정치적 사건에 대한 견해와 관계된 경우 문제는 복잡해진다.

'A는 나쁘다'라는 의견이 있다고 하자. A는 국가일 수도 있고, 정당일 수도 있고, 특정 정치인일 수도 있다. 말 그대로 이것은 하나의 의견에 불과하다. 하나의 의견을 보다 객관적 사실과 부합되는 방향으로 인도하고 싶다면 '이런 행동을 한 A는 역사적 관점에서 매우 나쁜 행동을 한 것이다'라는 형태로 바꾸면 된다. 예컨대 '35년 간 한국을 식민지로 삼은 일본의 제국주의적 행동은 한국 사회에 매우 부정적인 영향을 미쳤다.' 이것은 단순히 일본은 나쁘다고 말하는 것보다 보다 사실에 부합될 수 있다. 아, 나도 실수를 하는 것인지 모르겠다. 일본의 식민지가 된 것이 한국의 근대화에 매우 긍정적 영향을 끼쳤다고 주장하는 사람들이 있으니 말이다. 이 작은 명제 하나를 두고서도 참과 거짓은 우리가 알 수 없는 어느 경계에 있을지도 모른다(분명히 하자. 일본의 35년간 한국의 식민지 지배는 한국에는 씻을 수 없는 상처를 남겼다).

어떤 의견이든 객관적 사실과 일방적인 주장은 구분될 필요가 있다. 역사적 사건에 대한 의견을 판단하기 어렵다면, 특정 선거, 특정 정치인, 혹은 특정 정당에 대해 좋고 나쁨을 주장하는 동영상을 유튜브에서 한 번 찾아보기 바란다. 그것을 대상으로 하는 동영상은 많이 있다. 거짓 정보와 음모론에 근거한 동영상 역시 생각 이상으로 많다. 문제는 자신이 특정의 견해를 좋아하고, 그 견해를 대변하는 동영상을 몇 편 보았다면 유튜브는 자체 알고리즘에 의해 그와 비슷한 견해를 가진 동영상을 계속해서 추천한다. 태극기 부대를 좋아하는 어르신들은 태극기 부대의 주

장을 따르는 동영상을 보게 되고, 유튜브는 자체 알고리즘을 이용해 그
와 유사한 동영상을 계속해서 추천하게 된다. 처음에는 반신반의할 수 있
을지 모르나 계속해서 그와 같은 견해를 접하게 되면 그 주장에 동의하게
된다. 인간은 본래 그렇다.

알고리즘

알고리즘이란 '어떤 문제를 풀기 위해 미리 정해진 일련의 방법 혹
은 절차'를 의미한다. 대개 수학과 컴퓨터의 연산 과정에서 문제 풀이와
관련된 계산 절차 혹은 처리 과정을 말한다.

이런 알고리즘은 가치 중립적이다. 정해진 인풋이 들어가면 블랙박
스와 같은 과정을 거쳐 예상되는 아웃풋이 나올 따름이다. 알고리즘은 매
우 편리하다. 수학적 문제가 제시될 경우 문제마다 별도의 과정이나 절차
를 거칠 필요 없이, 알고리즘만 있으면 그대로 해답을 구할 수 있다. 지금,
알고리즘은 디지털경제, 넓게는 4차 산업혁명 시대 모든 인프라와 제품의
기본 속성이 되고 있다. 소프트웨어의 경우 발생 가능한 모든 경우에 해
당되는 코드를 입력하기란 사실상 불가능하다. 이런 이유로, 패턴화되고
정형화된 알고리즘이 매우 유용하게 사용된다. 자율주행차의 경우 자동
차의 속도는 주위 환경에 따라 주변 차량과 보행자에게 불편함을 야기하
지 않는 형태로 조정된다. 운전자가 직접 운전을 할 경우 매우 다양한 속
도 조절 사례를 경험하지만, 알고리즘에 의한 자율주행은 정해진 패턴과

입력된 목표에 맞춰 속도가 자동적으로 조절된다. 그만큼 편리하고 효율적이다.

이런 알고리즘이 인간의 의견, 견해, 인식, 평가와 관련된 사항에 적용될 경우 그 부작용은 결코 가볍지 않다. 알고리즘에 의한 동영상 추천은 그 동영상이 가지고 있는 컨텐츠에 대한 가치 평가를 담지 않는다. 단지, 그 동영상 컨텐츠와 유사한 컨텐츠를 효율적으로 찾아 전달할 따름이다. 유튜브뿐이 아니다. 온라인 상에서 소비자가 하는 모든 행동은 이 알고리즘의 대상이 된다. 그리스 아테네로 여행가기 위해 호텔을 검색했다면, 다음번에 온라인으로 들어가면 자기도 알지 못하는 사이에 아테네 호텔 추천과 정보가 한 자리를 차지한다. 렌트카에 대한 정보도 동시에 제공된다. 구글에서 특정 상품을 검색했다면 어느 순간 당신의 컴퓨터 모서리에 혹은 온라인 상에서 그 상품과 관련된 광고를 접하게 된다. 이런 광고는 어떤 경우에는 편리할 수 있다. 그러니 번거롭더라도 애교로 받아들이기도 한다.

정치적 견해에 대한 것은 어떨까? 매우 심각한 결과를 가져온다. 극우적인 동영상뿐 아니라, 그와 반대되는 극좌적인 동영상을 보게 되면 그와 비슷한 내용의 동영상을 수없이 접하게 될 가능성이 높다. 한 번 그런 과정으로 진입하게 되면 (나는 이것을 수렁으로 표현하고 싶다), 객관성과 융통성을 잃어버린 채 왜곡된 가치관이나 정보의 비대칭성 함정에 매몰된다. 더 심각한 것은 정치적인 문제의 경우 극좌 혹은 극우 성향의 의견들(유튜브)은 스스로 자신들의 의견을 확대 재생산하는 역할을 하게 된다.

쉽게 말하거나 어렵게 말하거나 결론은 같다.

확증편향의 길로 접어들게 된다.

당신이 알고 있는 것은 진실일까?

이 질문에 대한 설명을 하기 전에 다음과 같은 질문을 먼저 한다.

당신이 알고 있는 것은 사실일까?

진실(truth)이라는 말대신 사실(fact)이라는 표현을 사용한다. 우선 가치판단을 배제하기 위해서다. 당신이 알고 있는(혹은 반대로 알고 있는) 다음과 같은 말들은 사실일까?

- 개미가 주식투자를 하면 반드시 망한다
- 곧 아파트 값은 폭락할 것이니 지금 아파트를 사서는 안된다
- 비트코인에 대한 투자는 지금이라도 해야 한다
- 월급을 받아 저축만 한다면 삼대가 망하는 지름길이다
- 국민연금은 조만간 고갈될 것이니, 스스로 노후준비를 해야 한다
- 50대 초반이면 직장에서 나가라는 압력을 받게될 것이다
- 창업을 하지 않으면 부자가 되지 못한다

주로 경제적인 측면에서 제시한 이런 말들은 사실일 수도 있고, 아닐 수도 있다. 정확히 말하면 정답이 없다. 서로 다른 여건에서, 서로 다른

출발점에서, 자신의 능력에 맞게 선택할 따름이다. 단지, 이런 말들이 어느 정도 정확한지는 통계자료를 통해서, 확률적으로 검증할 수 있다. 그 검증을 통한 조언은 받아들일 수도 있고 그렇지 않을 수도 있다. 경제적 미래에 대해서는 누구도 알지 못하기 때문이다.

다음 본격적인 질문에 들어간다.

당신이 알고 있는 다음과 같은 주장은 진실일까?

- 지금 사회는 공정(公正)이라는 가치가 완전히 무너졌다
- 북한을 돕는 것은 밑 빠진 독에 물 붓기다
- 통일비용을 고려할 때, 한반도의 통일보다는 현상유지가 더 낫다
- 대한민국의 안보를 위해 중국보다는 미국과 더 가까워야 한다
- 중국의 사드 보복조치 철회를 강력히 요구해야 한다
- 위안부 문제와 같은 과거사는 한일 관계의 미래를 위해 우리가 양보해야 한다
- 대한민국의 지속적인 경제발전을 위해서는 수도권에 대한 규제를 더 완화해서 더 많은 공장들이 수도권과 가까운 곳에 설립될 수 있도록 해야 한다

이것은 주장이지만, 사람에 따라서는 사실이거나 진실이라고 말할 수도 있다. 이와 반대되는 의견도 있다. 수많이 듣고, 수많이 보고 있다.

다가오는 미래, 축복인가 저주인가

알고리즘에 의한 확증편향은 디지털 환경에서만 발생하는 것이 아니다. 디지털 환경이 아닌 아날로그 환경이라도 특정 경향의 정보나 특정 매체만을 접하게 되면 이런 편향이 발생한다. 적절한 사례가 될지 모르지만, 조중동(조선, 중앙, 동아)이나 한경오 (한겨레, 경향신문, 오마이뉴스) 등 특정 매체의 정보만 접하게 되면 당신의 정치관 혹은 사회관은 특정의 경향에 치우칠 수 있다. 소위 말하는 필터 버블 (Filter Bubble)이 우리의 판단과 생각에 영향을 미친다. 4차 산업혁명 시대의 디지털 환경에서 이런 경향은 더욱 더 심각해진다. 내 지인은 조선일보만 보려는 친구에게는 한겨레신문을 반드시 보라고 하고, 오마이뉴스만 보려는 친구에게는 중앙일보를 반드시 보라고 권한다.

당신이 알고 있는, 믿고 있는 모든 것을 의심해 보라

10년 뒤 혹은 20년 뒤 우리가 마주 대하는 사회는 지금과는 전혀 다른 사회다. 불확실하다고 말하는 것으로는 부족하다. 혼돈의 시대일 수도 있고, 충격의 시대 심지어는 혼비백산의 시대가 될 수도 있다.

변하지 않는 것은 없다고 하지만, 이런 시대에는 하나의 고정된 시각과 생각만을 유지할 것이 아니라, 주어진 문제나 마주 대하는 사건, 풀어야 할 과제, 또는 헤쳐 나가야 할 장벽 등을 뛰어넘는 것이 필요하다. 그러기 위해서 가져야 할 덕목이 바로 유연성이다. 생각과 의견이 다를 수 있다는 것을 받아 들여야 한다. 중요한 것은 생각과 의견이 아니라, 그 다름을 뛰어넘어 함께 할 수 있는 것을 만드는 것이다.

믿고 있는 것을 의심하라는 말은, 종교와 신념체계에는 해당되지 않는다. 가상과 현실이 뒤섞이는 사회에서는, 종교적 신념이나 명상을 통한 자아 성찰이 중요한 덕목일 수 있다.

의심해 보라는 것은, 아무 생각 없이 자극을 가하면 반응처럼 튀어나오는 사회적, 정치적, 경제적 의견들이 어디서부터 왔는지 한번 점검해 보라는 말이다. 십중 팔구는 필터버블이거나 알고리즘에 의한 확증편향의 결과일 수 있다. 자신이 스스로 증거를 찾아 의견을 만들지 않고, 조작되고 사전에 만들어진 흔적에 의해 휘둘린다. 보고 싶지 않고, 듣고 싶지 않은 것도 보고 들어보아야 한다.

4차 산업혁명의 시대, 한 번 모든 것을 의심해 보지 않겠는가? 앞으로 20년 뒤, 한 번 의심해 보니, 의심해 보는 자신이 인간이 아니라 인공지능 두뇌를 탑재한 안드로이드인 것을 발견하는 그런 일은 없겠는가?

다가오는 미래, 축복인가 저주인가

빅데이터의 귀환과 개인정보 보호

~~~~~~~~~~~~~~

당신이 지난 여름에 한 일은 누가 알고 있을까?

조지 루카스 감독의 스타워즈는 총 6개의 에피소드로 구성된다. 〈보이지 않는 위험〉이라는 에피소드 1으로 시작된 영화는 에피소드 5의 〈제국의 역습〉으로 긴장감을 드러내다 드디어 에피소드 6으로 대장정을 끝낸다. 그 에피소드 6의 이름은 다 아는 바와 같이 〈제다이의 귀환(The return of Jedi)〉이다.

스타워즈라는 영화를 디지털경제의 발전에 패러디한다면 4차 산업 혁명의 시작 혹은 절정기에 '제다이의 귀환'과 같은 현상을 목격할 수 있다. 그것은 데이터의 귀환이다.

데이터의 귀환(The return of (Big) Data)

데이터의 귀환이라니? 어디로 사라졌던 데이터가 돌아왔단 말인가? 물론 아니다. 디지털경제 이전에도 데이터는 존재했다. 4차 산업혁명 시대, 이 데이터는 빅데이터라는 형태로 무대 중앙으로 복귀한다.

두 가지 질문이 나올 수 있다. 빅데이터란 무엇인가? 그리고 빅데이터는 왜 다시 무대의 중앙으로 복귀했는가?

빅데이터란 '수십 수천 테라바이트의 거대한 크기를 가지고, 정형 데이터와 다양한 비정형 데이터를 포함하며, 생성, 유통, 소비가 매우 빠른 속도로 일어나 기존의 방식으로는 관리와 분석이 어려운 데이터의 집합'[3]을 말한다. 즉, 빅데이터는 수십 수천 테라바이트라는 거대한 양(volume), 정형 데이터, 비정형 데이터, 혹은 반정형 데이터와 같은 다양성(variety)[4], 그리고 이런 데이터가 처리되는 엄청나게 빠른 속도(velocity)라는 특성을 가진다.[5]

쉽게 말하자. 빅데이터란 빠른 속도로 처리되는, 다양한 형태의 엄청나게 많은 데이터를 의미한다.

다음 질문으로 들어간다. 빅데이터는 어떻게 무대의 중앙으로 복귀했는가?

디지털경제가 어느 정도 발전한 상태에서 기업들이 무엇을 도구로 혁신을 해 왔는가를 분석했더니 과거와는 다른 패턴이 발견되었다. 과거에는 기업들이 연구개발과 특허에 의존하는 형태로 혁신을 해 왔는데, 시간이 지날수록 디자인, 소프트웨어 그리고 데이터에 의존하는 혁신이 더 많아졌다. 그 중에서도 혁신의 가장 중요한 동력으로서 데이터가 차지하는 중요성은 더 커지고 있다. 빅데이터는 혁신의 중요한 도구로서 무대의 중앙으로 복귀했다.

4차 산업혁명의 시대, 빅데이터는 정말 중요한가?

빅데이터는 4차 산업혁명의 시대 경쟁력의 원천이라고 한다. 정말 그러한가? 다음과 같이 정리하고 싶다.

4차 산업혁명의 기본 인프라는 사물인터넷과 인공지능이다(자세한 것은 마치는 말 참조). 인공지능에 대해서는 3부 1장에서 그 중요성을 자세히 설명할 것이다. 이 인공지능을 개발하기 위해 가장 필요한 것이 바로 빅데이터이다. 머신러닝, 혹은 딥러닝을 통해 인공지능이 스스로 발전해 가기 위해서는 가급적 많은 데이터가 필요하다. 인공지능 없이는 4차 산업혁명은 생각하기 어렵고, 빅데이터 없이는 인공지능의 발전을 기대하기 어렵다. 이런 말을 하면 놀라지는 않을까? 이세돌을 이긴 알파고라는 인공지능은 사실 클라우드 기반의 데이터 센터에 자리 잡고 있다.

다음, 미래 사회의 모든 분야가 효율적으로 작동하기 위해서는 빅데이터가 필요하다. 기업의 경우 개별 고객관리, 고객의 성향 분석, 맞춤형 서비스 제공 등 기업의 영업활동과 관련된 모든 분야에서 빅데이터를 활용하고 있다. 아마존의 무인매장인 아마존고(Amazon go)에서는 고객의 이동 경로와 구매상품, 머무는 시간에 대한 빅데이터를 수집하고, 그것을 고객의 아이디와 연결하여 구매 패턴을 분석하고 이를 기반으로 맞춤형 마케팅을 시행하고 있다. 넷플릭스는 사용자의 데이터를 통해 개인 취향에 맞는 콘텐츠를 추천하는 알고리즘을 개발했다. 이 알고리즘의 개발에 사용자의 빅데이터가 필수인 것은 두말할 나위 없다.[6)]

빅데이터는 기업의 영업활동에만 필요한 것이 아니라 정치와 정부의 영역에서도 매우 중요한 가치를 가진다. 유권자의 성향 분석, 정부 제공 서비스에 대한 만족도 평가, 각종 선거에서의 세대별 선거전략 수립 등은 모두 빅데이터를 기반으로 하고 있다.

아래 그림에서 보는 바와 같이 4차 산업혁명은 데이터, 그것도 빅데이터를 기반으로 작동한다.

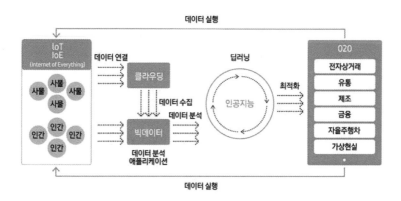

〈그림〉 4차 산업혁명의 작동원리, 출처: 삼성증권

다가오는 미래, 축복인가 저주인가

그런데 정말 빅데이터가 4차 산업혁명의 경쟁력 기반으로 작동할까? 그 증거가 있을까? 증거, 그것도 아주 막강한 증거가 있다. 한때 컴퓨터의 운영체제(OS: Operation System)을 장악했던 과거의 영광에 빛나던 마이크로소프트, 망할 수도 있겠다고 생각했던 그 회사가 빅데이터를 기반으로 한 클라우드 시스템으로 다시 무대의 중앙으로 복귀했다.

마이크로소프트의 귀환, 제국의 역습

악마가 되지 마라(Don't be evil). 지금의 구글을 만든 사시(社是)다. 구글은 당시의 마이크로소프트(MS: Microsoft)를 악마의 제국으로 보았다. MS는 그 당시 막강한 자본력을 바탕으로 IT 시장을 지배하려 했고, 미 법무부와는 반독점 제소와 관련한 진흙탕 싸움을 했다. 악마는 당연히 비틀거렸다. 모바일 혁명에 제대로 대처하지 못했고, 그래서 윈도우에 집착하느라 미래 먹거리를 찾지 못하는 죽은 회사라는 혹평을 들어야 했다. 그런 MS가 돌아왔다. 최근에는 시가총액이 꿈의 2조 달러를 넘어, 애플과 세계 1위를 다투고 있다.[7] 완벽한 제국의 역습이다.

그 가운데는 클라우드 컴퓨팅 서비스를 제공하는 애저(Azure)가 있고, 윈도우에 대한 집착을 버리고 새 길을 개척한 사티아 나델라(Satya Nadella)라는 CEO가 있다. 4차 산업혁명이라는 어지러운 변화에 빅데이터가 가지는 중요성을 파악하고, 빅데이터를 저장하고 활용하고 전송할 수 있는 클라우드 시스템을 만들고, 그것을 위해 MS 전체를 바꾼 것이다. 전체를 바꾼 것? 사실이다. MS는 애저의 운영체제로 윈도우 대신 리눅스 (Linux)를 더 많이 사용하고 있다. 자신의 간판이기도 한 윈도우를 버리고 리눅스라는 오픈 소스 운영체제를 활용하고 있다. 변신은 이렇게 해야 하는 것이다.

빅데이터와 클라우드 시스템이 그토록 중요한가? 넷플릭스, 쿠팡 같은 회사들은 회사의 전 시스템을 이미 클라우드로 옮겼다. 회사가 필요로 하는 모든 빅데이터가 클라우드에 있다.

빅데이터가 가진 양날의 검, 개인 정보

여기서 한 가지 사실을 조심히 생각해 보자. 기업과 정부가 자신의 경쟁력을 높이고 매출과 이익을 늘리기 위해, 선거에서 이기기 위해 수집하고 활용하는 빅데이터는 정확히 무엇일까? 그 빅데이터 중에서 가장 많은 부분을 차지하는 것은 무엇일까?

우리들의 개인 정보다. 나이, 성별, 거주지 같은 기본적인 정보는 애교로 보아도 좋다. 무엇을 해서 돈을 벌며, 어느 정도 벌며, 무슨 상점에서 어떤 상품을 사며, 지불 수단은 무엇이며, 어디에 투자를 하며, 주거래 은행은 어디이며, 어떤 신문을 보며, 어떤 SNS를 구독하며, 어떤 친구를 만나, 무슨 이야기를 하는가?

구글 엔지니어링 이사를 지낸 커즈와일은 말한다. "구글이 당신의 배우자보다 당신을 더 잘 안다." 농담처럼 들리는 말이지만 사실에 가깝다. 구글을 이용해 검색을 하지 않고 유튜브를 멀리하고, 지메일(gmail: 구글에서 무료로 제공하는 이메일) 계정을 가지고 있지 않다면 틀릴 수 있지만, 구글의 전 세계 검색 점유율과 유튜브가 가지는 영향력을 고려할 때 이 주장을 전적으로 부정하기 어렵다. 구글의 초기 화면 검색창에 검색하기 위해 사용하는 단어들과 유튜브에서 무심히 보는 동영상들의 내용들은 어쩌면 우리 자신보다 우리를 더 잘 나타낼지 모른다. 의식하지 않고 무심히 하는 행동들이 우리 본연의 모습에 가까울 수 있다. 구글은 그것을 알고 있다.

세상에 공짜는 없다.

10년도 더 된 일이다. 구글이 검색엔진으로 한참 각광을 받을 무렵 학생들에게 물어본 일이 있다. 왜 구글로 검색을 하니? 다양한 대답이 돌아왔지만 아직까지 기억하는 답변이 하나 있다.

"무료로 이용할 수 있으니까요!"

외형적으로 이 말은 틀리지 않다. 검색을 하기 위해서 신용카드로 결제를 하는 것도 아니고, 은행계좌로 이체를 하는 것도 아니다. BBC는 사이버 혁명(Cyber revolution)이라는 특집 방송에서 이 문제를 거론한 바 있다. 정말 무료일까? 방송은 다음과 같이 말한다.

검색 비용은 당신이다 (The cost is you!)

검색을 위한 회원 가입을 통해 자기 자신에 대해 말하고, 검색어를 입력하는 과정에서 자신이 무엇에 관심을 가지고, 무엇을 구매하기를 원하고 어떻게 시간을 보내는지 미주알 고주알 알려주기 때문이다. 그러니 BBC의 말이 맞다. 검색은 공짜가 아니라, 바로 우리 자신이 검색비용이다. 위에서 언급한 커즈와일의 말은 그러니 구글이 애초에 계획했던 것이 순조롭게 진행되었다는 하나의 자백에 다름 아니다.

구글만이 아니다. 다양한 종류의 플랫폼 기업들 역시 이런 개인 정보 수집에 사활을 건다. 아마존, 알리바바와 같은 물류 관련 플랫폼 기업들, 우버나 디디추싱과 같은 운송 관련 플랫폼들, 에어비앤비와 같은 숙박 플랫폼들, 페이스북과 같은 인간 관계 플랫폼들 모두 예외가 아니다. 이들은 구독자의 다양한 활동을 통해 구글 이상의 개인 정보를 가져간다. 빅데이터로 전환된 이들 개인 정보는 다시 이들 플랫폼 기업들의 맞춤 마케팅(target marketing)을 위해 활용되고, 심지어는 개인 정보가 하나의 상품처럼 거래되기도 한다. 그러니 우리는 이들 플랫폼 기업을 무료로 이용하는 것이 아니다. BBC가 지적한 바와 같이 우리 자신을 그 대가로 지불하고 있다.

개인 정보를 이용하는 것은 좋은 일 아닌가?

플랫폼 기업들이 우리의 개인 정보를 이용해 우리에게 필요한 상품이나 정보를 맞춤형 형태로 제공하는 것은 좋은 일이 아닌가? 개인 정보가 그런 목적으로만 이용된다면, 전혀 틀린 말은 아니다. 마이 데이터(My

다가오는 미래, 축복인가 저주인가

data)라는 금융 사업이 있다. 내 개인 정보를 효과적으로 활용해 내 생애 주기에 맞는 금융상품을 알려주기도 하고, 더 좋은 융자 기회를 제공하기도 하고, 은퇴 뒤의 순조로운 경제생활을 설계해 주기도 한다. 개인 정보를 효과적으로 활용함으로써 개인의 생활을 더 풍요롭게 해 준다. 게다가 나에게 맞는 상품을 구입하기 위해 온라인 검색에 시간을 낭비할 필요없이 바로 원하는 상품을 알려주니 이 또한 좋은 일이 아닌가.

자본주의 사회는 그렇게 움직이지 않는다. 매스컴을 장식하는 보이스 피싱, 금융사기는 우리의 개인정보를 악의적으로 이용한 것이다. 도대체 어디서 우리의 개인 정보를 구해, 우리의 딸을 사칭하고, 수사기관을 사칭하고, 지인을 사칭해서 피땀어린 돈을 앗아가는가? 나는 이런 사기에 당하지 않는다고 자신할지 모른다. 당신의 딸이 절박한 음성으로 (혹은 문자로, 카톡으로) 어려움을 호소하고, 그것도 평소에 딸을 제대로 돌보지 못한 당신의 죄의식을 건드리는 방식으로 접근한다면 걸려들지 않는다고 쉽게 자신하지 못한다. 출근하면 가장 먼저 사무실의 이메일을 확인하는데 거기에는 수많은 스팸 메일이 와 있고, 직장의 정보센터에서는 이러저러한 스팸메일은 절대 열지 말고 삭제하라는 공지문이 거의 매일 뜬다.

그렇지 않다고 강변할지 모르지만 정부 역시 이런 사례에서 예외가 아닐지 모른다. 중국은 역설적으로 투명한 신뢰 사회다. 천망(天網)이라는 범죄 용의자 추적 시스템과 6억개가 넘는 CCTV, 그리고 다양한 경로를 통해 입수한 개인정보를 통해 한 사람 한 사람의 신상 정보를 아주 자세히 파악할 수 있다. 이 정보를 기초로 신용등급을 부여하는데, 이 등급이 아주 낮다면 금융거래에 어려움을 겪는 것은 물론이고, 다른 지역으로 이동하는 기차표를 사는 것도 어렵게 될지 모른다. 4차 산업혁명을 통해 우리가 바라는 사회가 이런 사회인 것은 아니지 않는가?

이런 위험에도 불구하고, 빅데이터는 여전히 4차 산업혁명 시대 기업과 국가 경쟁력의 원천이다. 우리가 마주하는 위험은 경쟁력의 원천이라는 검의 다른 날이다. 세상 모든 일이 그러한 것처럼, 더 뛰어나기 위해서는 어느 정도의 위험을 감수할 수밖에 없다. 이 양날의 검을 어떻게 균형있게 사용할 것인가? 그것은 개인 정보가 4차 산업혁명을 위해 필요하다는 것을 인정하면서도, 어떻게 그것을 다른 용도로 사용되거나 악용되지 않도록 사용할 것인가의 문제로 연결된다.

개인 정보를 어떻게 보호할 것인가?

개인 정보를 보호하기 위한 가장 바람직한 방법은 법적인 규제제도를 정비하는 것이다. 많은 나라들이 이런 제도를 정비하고 있는데 가장 대표적인 것이 유럽의 개인정보 보호법(GDPR, General Data Protection Regulation)이다.

GDPR은 EU 회원국에 일괄적으로 적용되는 개인정보 보호법으로, 2016년 제정되어 2018년 시행되었다. GDPR은 11장 99개 조항으로 구성되어 있으며, 정보주체의 권리와 기업의 책임에 대해 자세히 규정하고 있다. 이 GDPR은 EU 내에서 사업장을 운영하는 기업뿐 아니라, 전자상거래와 같은 방식을 통해 EU 주민의 개인 정보를 처리하는 기업에도 적용된다.[8]

개인 정보는 필요에 의해 마음대로 처리되어서는 안되며 반드시 법적 근거에 의해 처리되어야 한다. GDPR은 개인 정보 처리와 관련된 6가지 원칙을 다음과 같이 제시하고 있다.

- 적법성, 공정성, 투명성의 원칙
- 목적 제한의 원칙
- 개인 정보 처리의 최소화
- 정확성의 원칙
- 보관기간 제한의 원칙
- 무결성 및 기밀성의 원칙
- 책임성의 원칙

이런 원칙들을 통해서 개인 정보 삭제권, 개인 정보 이동권, 자동화된 개인 정보 처리에 대한 선택권 등이 보장된다. 한 마디로 GDPR의 규정은 상당히 까다롭고, 이와 관련된 규정만 잘 지켜진다 해도 개인 정보 보호와 이용이라는 양날의 검은 조화를 이룰 수 있다.

이런 제도적 정비로 충분할까? 당연히 그렇지 않다. 제도와 규제는 현실을 앞서가지 않고, 변한 현실을 뒤따라가기 바쁘다. 개인 또한 개별적으로 노력해야 한다. 스마트폰을 사용하면서 자주 사용하는 앱들이 어떤 개인 정보를 요구하는지 확인한 적 있는가? 네비게이션 앱들이 자신의 사진과 주소록에 대한 접근을 요구할 경우 왜 이런 접근이 필요한지 한 번 생각해 봐야 한다. 애플 아이폰은 새로운 앱을 실행할 때마다 사용자가 개인 정보에 대한 앱의 접근 권한을 선택할 수 있다. 당연한 일이 이제야 이루어지고 있다. 이런 애플의 정책에 대해 페이스북과 같은 소셜 미디어들은 당연히 반대 의사를 표시하고 있다. 자신들의 경쟁력 원천인 개인 정보에 대한 접근이 사실상 제약받기 때문이다. 이런 사실은 역설적으로 지금까지 앱은 사용자의 특별한 동의를 받지 않더라도 개인정보를 자동적으로 수집할 수 있었다는 사실을 의미한다.

거듭 강조한다. 개인 정보와 같은 빅데이터는 기업과 산업의 경쟁력 원천이지만, 오용과 남용 및 악용을 방지하기 위해서는 국가가 마련하는 제도적 조치와 함께 깨어있는 소비자의 자세가 반드시 필요하다.

다시 물어보고 싶다.

당신이 지난 여름에 한 일은 누가 알고 있을까?

답은?

당신만 모르고 있다!

양날의 검, 소셜 미디어는 왜 우울과 고립을 유발하는가?

"페이스북은 어린이들을 해치고,

분열을 조장하고, 우리의 민주주의를 약하게 한다고 믿기 때문에

저는 오늘 이 청문회 자리에 섰습니다."

2021년 10월 5일 화요일. 전 페이스북 매니저(Facebook product manager) 프랜시스 하우겐(Frances Haugen)은 세 시간이 넘는 상원 청문회를 통해 페이스북의 문제점에 대한 통렬한 비판을 이어 나갔다.[9]

그 핵심은 바로 위에서 한 말대로, 어린이들을 해치고, 분열을 조장하고, 민주주의를 약하게 한다는 것이다. 페이스북의 경영진들은 이런 사실을 알고 있으면서도 이를 바로잡을 노력을 하지 않았다는 것이다.

페이스북의 문제는 무엇인가?

28억 5300만 명. 지난 2021년 7월을 기준으로 한 페이스북 사용자(혹은 가입자라고 이해해도 좋다) 수이다. 세계 인구를 70억으로 생각한다면 거의 40%가 페이스북을 이용한다. 페이스북의 또 다른 서비스인 인스타그램은 13억 8,600만의 사용자를 자랑한다. 이 두 매체만을 합하더라도 세계 인구의 절반이 넘는다.

소셜 미디어 혹은 SNS[10]의 가장 대표격인 페이스북이 지금 심각한 비판에 직면해 있다.

페이스북은 2019년 경 내부적으로, 인스타그램의 게시물이 10대들에게 스트레스와 불안을 유발한다는 연구 결과를 얻고도 충분한 조치를 취하지 않았다고 비판을 받고 있다. 인스타그램에 게시되는 사진들은 비현실적이고, 과장이 심한 사진들[11]인데 10대들은 자신들이 그와는 매우 다르다는 점에서 자존감에 상처를 입는다. 모델처럼 완벽한 몸매를 자신의 몸매와 비교하고, 연예인이나 특정인의 화려한 생활 혹은 럭셔리한 생활을 자신의 생활과 비교한다. 비교할 수 없는 대상을, 비교할 수 없는 영역을 불필요하게 비교하게 만들어 열등감을 조장한다.

페이스북은 자신들의 플랫폼에 난무하는 백신에 대한 거짓 정보에 충분히 대처할 수 있음에도 불구하고 겨우 20% 정도만 조치를 취했을 뿐이다. 인종 차별적인 게시물에 대한 조치도 마찬가지다. 플랫폼에 가득한 이디오피아와 미얀마에 대한 거짓 정보가 인종 폭동으로 발전했다. 페이스북은 2021년 1월 6일 미 의사당 난입 사건과 관련, 이런 행동을 부추기는 위험한 연설들을 플랫폼을 통해 증폭시켰다. 거짓 정보와 차별적인 정보가 플랫폼을 휩쓸 때, 당연히 해야 할 수정이나 시정 조치를 하지 않았다는 것이다.

할 수 있음에도 불구하고 하지 않았던 이유는 무엇일까? 시정 조치를 취할 경우 페이스북 자체의 기능, 혹은 수익에 영향을 미치기 때문이다. 문제의 핵심은 페이스북이 가지는 인프라 그 자체에 있다.

페이스북은 2009년에 자신의 분신과도 같은 '좋아요(The Like)'를 도입했다. 이 '좋아요' 버튼은 게시된 정보에 대한 단순한 호불호(好不好)를 나타내는 것을 넘어 플랫폼에서의 권력, 혹은 힘을 상징한다. 그리고 이러한 권력이나 힘은 페이스북이 영향력을 행사하고 수익을 창출하는 매커니즘으로 발전했다. 페이스북 경영진도 이런 사실을 알고 있었다. 이런 사실에 대한 해결책의 일환으로 2019년 이들은 호주에서 '좋아요' 버튼을 삭제하는 테스트를 진행하기도 했다. 그들이 발견한 것은 구독 혹은 공유(The Share) 숫자의 축소였다. 사람들은 '좋아요'가 많지 않은 기사나 정보를 퍼나르려고 하지 않았다. 중요하지 않다고 생각했기 때문이다. 아이러니였다.

어떤 일이 벌어졌을까? 페이스북 경영진들은 페이스북에서 거짓 정보를 발견하더라도, 거기에 '좋아요' 버튼이 많이 달려있다면 거짓 정보를 수정하는 것을 꺼려했다. 그 결과는? 지금 우리가 보고 있는 페이스북에 대한 비판이다.

소셜 미디어는 정말 어떤 영향을 미치는가?

매카시즘, 민주주의, 인종차별과 같은 거창한 주제를 벗어나서, 우리의 일상생활로 들어가자. 소셜 미디어는 정말 우리들에게 어떤 영향을 미치는가?

소셜 미디어나 SNS에 사진이나 글을 올릴 때 우리들은 무엇을 기대할까? 악플이 아닌 선플로 가득찬 댓글 창과 좋아요 개수가 아닐까?

호의적인 댓글이나 지지하는 댓글을 보면 그날은 기분 좋은 날이고, 보낸 댓글에 아무런 답장이 없거나 (통속적인 말로 이를 읽씹 - 읽고 씹어버린다는 의미 - 이라고 한다. 이런 행동을 자주 하는 사람들은 퇴출로 이어진다), 댓글창이 악플로 도배가 된다면 그 날은 참으로 우울한 날이다. 가끔 이 악플이 연예인이나 일부 사람들을 얼마나 위험한 처지에 몰리게 했는지 우리는 알고 있다. 상대방이 댓글을 달지 않는 것은 전적으로 상대방의 문제이지, 글을 올린 자신의 문제가 아니다. 또, 댓글을 달지 않는 것도 의사표현의 하나이다. 그런 행동을 상대방이 나를 좋아하지 않는다는 식으로 착각할 필요는 없다. 그냥 무심히, 카톡이라면 나가요 버튼을 누르면 되는 것이고 트위터라면 언팔로우를 하면 된다. 흥분할 일이 아니다.

앞서 잠깐 언급했지만 페이스북의 '좋아요' 버튼이 가지는 폐해는 상상 이상이다. 이 숫자를 늘리기 위해 부단히 좋은 표정이 나오는 셀피를 찍거나, 다른 사람들이 생각하지도 못하는 장면을 찍기 위해 위험한 행동도 불사하는 경우가 부지기수다. 좋은 셀피를 찍을 수 있는 각도를 모르면 불출(못나고 어리석은 사람)이다. 키가 작은 사람이라면 어떤 방향으로 셀피를 찍어야 되는지는 이미 하나의 상식이다. 화장을 하지 않고 셀피를 찍는 사람은 없다. 그래서 before 와 after 사진을 동시에 업로드 함으로써 이 버튼 수를 늘리거나, 조회수를 확보하기도 한다. 심지어는 이런 사진을 찍기 위해 생명을 잃어버리기도 한다. 아슬아슬한 절벽 위에서 셀피를 찍으려고 한 것인데 한 걸음 잘 못 내딛음으로써 돌이킬 수 없는 길을 가 버리기도 한다. 사진을 올릴 수 있는 SNS에 이런 경향이 두드러짐은 이미 일종의 상식이다.

비대면의 친구는 어떤 친구일까?

SNS는 개인에게는 연결을 의미한다. 비대면이 일상화되고, 판데믹이 끝난 뒤에도 SNS를 통한 연결은 피할 수 없는 대세다.

온라인상에서 수많은 새로운 친구들을 만날 수 있고, 자신의 의견이나 생각에 동참하는 사람을 만날 수 있다는 것은 매우 신나는 일이다. 물어보고 싶다. 온라인상에서 만나는 새로운 친구들은 정말 어떤 친구들일까? 전혀 알지 못하거나, 오랫동안 소식이 끊어진 옛 친구들을 새롭게 본다는 것은 정말 좋은 일이다. 하지만 그 새로운 친구들이 우리가 전통적으로 말하는 그런 친구들일까? 자신과 조금이라도 의견이 달라지면 즉각 차단이 들어오고, 뉘앙스나 맥락이 조금이라도 마음에 들지 않으면 악플이 달리게 된다. 그런 관계를 무엇이라고 해야 하나?

가볍고 가벼운, 그래서 전혀 힘이 들지 않는 관계. SNS는 연결을 상징하지만 그것은 솜사탕처럼 가벼운, 혹 불면 사라질 연결에 불과하다. 당연한 말이지만, 때로는 긍정적인 측면보다 부정적인 효과가 더 강하다. 우울증과 같은 정신적인 문제를 가지고 있는 사람이라면 이 사이버 관계에 목숨을 걸게 되고, 상대방이 접속을 차단하거나 수많은 악플을 마주하게 되면 스스로 목숨을 버리는 일도 발생한다.

소셜 미디어는 악의 근원인가?

그렇다면 소셜 미디어는 회피해야 할 대상인가? 그렇지는 않다.

해외직구를 한 적이 있다. 무엇인가 잘못되어 신용카드로 지불은 완료되었는데 상품 배송은 오리무중(五里霧中)이다. 공식 홈페이지 고객 서비스 센터에 들어가 아무리 메시지를 남겨도 응답이 없다. 하도 답답해, 이 기업의 공식 트위터에 들어가 간략히 사정을 하소연했다. 놀라웠다. 하루도 되지 않아 즉각 응답이 왔고, 배송문제는 깨끗이 처리되었다.

작은 사례이지만, 극도로 연결된 지금, 기업의 소셜 미디어가 고객과 어떤 방식으로 소통할 수 있는지 잘 보여준다. 대부분의 기업, 언론사들은 이 소셜 미디어를 통해 옛날과는 다른 형태로 소통을 한다. 정부 역시 정책이나 치적을 소셜 미디어를 통해 홍보한다.

개인은? 앞서 말한 부작용이 없는 것은 아니지만, 소셜 미디어는 또 다른 활동 창구 혹은 새로운 수입원이 되기도 한다. 파워 블로거, 인플루

언서, 유튜브 실버, 골드, 다이어 버튼이 좋은 예이다. 개인은 또 소셜 미디어 활동을 통해 자신을 드러낸다. 무엇을 좋아하고, 누구를 팔로우하고, 어떤 블로그를 구독하는지가 자신이 어떤 사람인지를 드러낸다. 기업이나 정부 혹은 여론조사 기관에서는 이런 정보가 귀중한 경쟁력의 원천이다. 개인으로서도 이를 잘 활용한다면, 아주 편리하게 맞춤 정보를 받아볼 수 있다.

도대체 어떻게 하라는 말인가?

당신은 왜 소셜 미디어에 몰두하고, SNS의 세계에서 벗어나지 못하는가?

기업이나 정부가 SNS를 통해 고객이나 국민과 소통하는 것처럼 자신의 팬이나 추종자들과 소통하기 위해서, 혹은 (그럴 가능성은 높지 않지만) 새로운 소득원을 얻기 위해서, 혹은 자신의 칼럼이나 책을 홍보하기 위해서라면 소셜 미디어에 빠지는 것도 그리 나쁜 일은 아니다.

대부분의 경우, SNS의 세계에서 벗어나지 못하는 것은 바람직하지 못한 심리적 관습 때문이다. 벗어나고 싶지만 저절로 손이 가는 '죄의식을 수반하는 즐거움(guilty pleasure)' 때문이다. 하루에 몇 시간이나 스마트폰을 사용하는지, 그중에서 몇 시간이나 카톡, 블로그, 페이스북, 인스타그램, 텔레그램, 유튜브, 틱톡, 스냅챗, 혹은 라인을 사용하는지 확인하기 바란다.

서두에 페이스북이 지금 집중포화와 같은 공격을 받고 있음을 지적했다. 미국 상원의 청문회를 시작으로 뉴욕 타임즈, 파이낸셜 타임즈, 블룸버그 비즈니스와 같은 언론들, 심지어는 EU까지 페이스북에 대한 성토를 이어가고 있다.

어떻게 될 것 같은가?

지금과 같은 분위기라면 페이스북이 환골탈태(換骨奪胎)하는 변화를 할 것 같다. 하기는 회사 이름을 페이스북에서 메타로 바꾼다고 했으니 환골탈태의 시늉은 한 것 같다. 정말 페이스북이 프랜시스 하우겐의 증언을 시작으로 페이스북의 인프라 그 자체를 바꾼다고, 바꿀 수 있다고 생각하는가?

아무 변화도 없을 것이다(Do nothing). 가짜 정보, 인종 차별적 정보, 좋아요 버튼의 역효과에 대해서 이런 저런 어느 정도의 가벼운 치장은 있을지 모른다. 그렇지만 페이스북은 변하지 않을 것이다.

자, 그렇다면 우리는, 아니 당신은 어떻게 하고 싶은가?

어떤 선택을 하건 그것은 다음 두 가지 중 하나가 될 수밖에 없다.

소셜 미디어에 휘둘릴 것인가?
소셜 미디어를 가지고 놀 것인가?

가지고 노는 것이 무엇이냐고 질문을 한다면 당신은 지금 틀림없이 소셜 미디어에 휘둘리고 있다.

당신의 직업, 혹은 직장은 안녕하신가?

1950년대: 권투선수, 전화교환원

1960년대: 택시운전사, 버스 안내양

1970년대: 대기업 직원, 트로트 가수

1980년대: 증권·금융인, 광고기획자

1990년대: 프로그래머, 펀드매니저

2000년대: 공인회계사, 국제회의 전문가

2010년대: IT컨설턴트, 일반 의사

그냥 읽어내려 오면 1950년대부터 최근까지 어떤 직업들이 각광을 받았는지 알 수 있다. 각광을 받았다는 기준이 무엇인지 정확히 말하기는 어렵지만[12], 시간이 지나면서 일반적으로 사람들이 어떤 직업을 선망해왔는지 어렵지 않게 알 수 있다. 2020년대의 관점에서 바라보면 놀라운 일이 한두 가지가 아니다.

권투선수가 인기 직업이었다는 1950년대. 생계를 잇기도 어려운 시절, 세계 챔피언 타이틀을 하나 따면 명예와 부를 함께 얻어가는 그들이 부럽기도 했으리라. 권투선수라는 직업의 인기는 꽤 오랫동안 이어졌다. MZ세대는 태어나기도 전이지만, 홍수환이라는 권투선수는 1977년 파나마에서 사전오기(四轉五起)란 신조어를 만들면서 두 번째 세계 챔피언의 자리에 올랐다. 네 번이나 쓰러졌는데도 다시 일어나 기어코 상대방을 KO로 눕혔다. 홍수환 선수 시절이 이 직업의 정점이었다.

택시 운전사와 버스 안내양이 인기 직업이었던 것도 묘한 향수를 불러 일으킨다. 귀하디 귀한 택시를 운전하는 기사와, 오라이(All right의 한국어 발음)를 외치며 버스의 승하차를 책임지는 버스 안내양도 당시의 시대적 변화를 반영한다.

1970년대부터 2010년대까지 인기 직업들은 아직도 그 면모를 이어가고 심지어는 다시 각광을 받을 조짐을 보이기도 한다. 프로그래머, IT 컨설턴트 등의 직업들은 디지털경제가 발전되면서 각광을 받고 있다. 증권 금융인, 펀드매니저라는 직업 역시 경제의 서비스화와 금융이 가지는 특성으로 아직도 그렇게 나쁘지 않은 직업들로 생각되고 있다.

앞으로는 어떻게 될 것인가?

문제는 지금부터다. 앞으로 10년 혹은 20년, 어떤 직업들이 각광을 받을 것이고 어떤 직업들이 사라질 것인가?

4차 산업혁명이라는 급진적인 변화의 와중이 아니라면 조금씩 바뀌어가는 시대의 변화에 따라 직업도 조금씩 단계적으로 변해갈 것이다. 지금은 그렇지 않다. 일하는 환경, 필요로 하는 근무 특성, 그 근무 특성에 맞는 기술적 특성이 너무 빠른 속도로 바뀌어 간다.

WEF(World Economic Forum)의 〈Future of Job Survey〉라는 보고서에서 2022년에 상대적으로 중요해지지 않게 되는 기술적 특성을 다음과 같이 요약한다.

- 손재주와 관련된 것

- 단순한 기억력과 공간 인식력

- 금융과 실물 자원의 관리

- 기술적 사항의 설치와 유지

- 단순한 읽기, 쓰기, 듣기

- 단순한 인적 관리

- 시간 관리

- 보고, 듣고, 말하는 능력

- 기술을 사용하고, 관리하면서 컨트롤하는 것

이런 기술적 특성은 복잡한 지능과 통찰력 혹은 문제해결 능력을 필요로 하지 않는다. 구태여 2022년을 특정하지 않더라도 단순한 기억력,

다가오는 미래, 축복인가 저주인가

단순한 관리, 단순한 읽기 쓰기 등은 더 이상 직업을 얻을 수 있는, 직업을 유지할 수 있는 요인으로 작용하지 못한다. 특정 부문에 국한되지만, 인공지능은 이런 인간의 일들을 완벽히 대체할 것이다. 깨닫지 못하는 사이에 이런 일은 지금도 일어나고 있다. 3부 4장에서 자세히 설명하겠지만, 한국과 싱가포르는 앞서거니 뒤서거니 하면서 종업원 1만 명당 가장 높은 로봇 보급률을 기록하고 있다.

WEF는 앞서 인용한 보고서에서 2018년과 2022년을 비교하여 모든 작업에서 기계가 수행하는 비중이 증가할 것으로 예측한다. 합리적 사고를 바탕으로 한 의사결정 분야에서도 기계가 수행하는 비중은 19%에서 28%로 늘고, 개발·관리·조언하는 분야에서도 기계가 작업을 수행하는 비중은 19%에서 29%로 늘 것으로 내다본다. 기계가 가장 많이 개입하는 작업은 '정보와 데이터 처리'와 관련된 분야라고 말한다(2018년 당시에도 기계가 개입하는 비중이 47%였지만, 2022년에는 62%일 것으로 예측한다). 여기서 기본적으로 기계(machine)라고 말한 것은 사실상 인공지능의 도움을 받는 로봇 혹은 작업용 동력체를 의미한다.

전문직이라고 안전하지 않다

무슨 말을 하는 것일까?

합리적 사고, 의사결정, 개발과 관리, 정보 처리와 관련된 분야에서도 인간이 설 자리는 좁아진다. 이런 특성들은 우리가 전문직이라고 부르는 직업군과 관련이 있다.

합리적(reasonable) 이라는 말이 무엇을 의미하는지 논란이 있을 수 있지만, 인공지능이 인간이 지금까지 해 왔던 합리적 사고와 이에 기반한 의사결정을 대신할 수 있다면, 인간의 고유한 전문 직종이라는 판사, 의사, 변호사, 회계사 등도 변화의 흐름에서 자유로울 수 없다. 판사와 변호사 같은 법률 전문직은 관련 법 조문과 판례를 바탕으로 한 고도의 판단을 필요로 한다. 관련 법 조문과 판례를 판사와 변호사 이상으로 실시간으로 구할 수 있고, 판단 역시 과거의 경험치를 대입해서 유추한다면 인공지능이 부분적으로라도 이들을 대신할 가능성은 낮지 않다. 의사 역시 이런 유추에서 자유롭지 못하다. 왓슨(Watson)이라는 의료기능 인공지능은 관련 의료정보의 입수와 각종 사진자료의 판단에서 의사를 능가할 수도 있다.

개발과 관리라는 측면에서 말하면 경영자의 역할을 인공지능이 대신할 수도 있다. 입사 면접에서 인공지능이 중요한 역할을 한다는 것은 더 이상 새삼스러운 일이 아니다. 대규모의 농장을 운영하거나, 전기의 생산과 배전 그리고 소비처로의 이송, 글로벌 공급망의 효율적 관리, 항만과 공항의 유기적 연결에 의한 물류 기능의 향상 등은, 역설적으로, 인간의 개입이 없는 경우가 더 바람직할 수 있다. 지금은 4단계(혹은 5단계)의 완벽한 자율주행이 가능하지 않지만, 앞으로는 운전자가 개입하지 않는 것이 더 바람직한, 완벽한 자율주행은 전적으로 인공지능의 몫이다.

빅데이터와 같은 정보 처리 분야에서 인공지능이 인간을 능가한다는 것은 구태여 설명할 필요가 없다. 데이터 마이닝(Data Mining)이라는 단계를 넘어서면 인공지능은 빅데이터 정보 처리를 통해 인간이 스스로 인식하지 못하는 무의식적인 심리, 동기까지 파악할 수 있을 것이다.

대기업에 입사하는 것이 하나의 방법이 되지 않을까?

지금 다른 기업에 비해 초격차를 자랑하는 대기업에 입사한다면 자발적으로 회사를 떠나지 않는 한, 그 기업에서 평생토록 일할 수 있지 않을까? 하는 일이 빠르게 변하더라도 직무 재교육을 통해, 부서와 부서를 헤엄치는 것이 가능하지 않을까?

90년에서 30년 그리고 15년. 맥켄지가 기업의 평균수명을 조사한 결과 1935년에는 90년 이었던 것이, 1970년에는 30년으로 단축되었고 2015년에는 15년까지 줄어든 것으로 나타났다.[13] 제너럴 일렉트릭(GE: General Electric), 제너럴 모터스(GM: General Motros). 각각 1908년, 1892년 설립되어 한 세기가 넘게 미국을 대표하는 기업으로 활동했지만 화무십일홍(花無十日紅)이다. GM은 2007년까지 소위 미국 대표기업 빅3를 유지했지만, 2009년에는 파산 신청까지 했다. 지금 전기차라는 시대적 변화에 부응하느라 애를 쓰고 있지만 미래는 불확실하다. GE은 경제지 포천이 선정하는 '톱 10' 기업에서 이미 물러났다. 그들이 물러난 자리를 어떤 기업이 차지하고 있는지는 모두 다 안다. 하지만 새로 자리를 차지한 그 기업들도 영원할까?

일하는 환경과 방법의 변화는 어떻게 할 것인가?

서너 걸음을 양보해 초격차를 자랑하는 기업에서 오랫동안 일을 할 수 있다고 해도 스스로 변하지 않으면 그 직업, 혹은 그 직장은 신기루처럼 사라진다. 사라지지는 않는다 해도, 스스로 견디지 못한다.

열심히 일하는 것으로는 충분하지 않다. 열심히 일하는 것이 오히려 자신의 직업, 혹은 직무 수행에 방해가 될 수 있다. 어느 기업에서도 과거와 같은 관행에 의존하던 근무 환경과 방법은 사라졌다. 열심히 하는 것이 전후 좌우를 고려하지 않고 지금까지 해오던 방식으로 일을 하는 것이라면, 그런 열심은 해고 사유 1순위에 해당된다. 최소한 회사가 어디로 가는지, 내 부서가 어디로 가야 하는지, 이 회사와 부서에서 내가 해야 할 일이 무엇인지 깊이 생각하지 않는다면 초격차의 기업이라도 설 자리가 없게 된다. 열심히 하는 것이 아니라 현명하게, 지혜롭게 일을 해야 한다.

비대면이라는 시대적 변화도 한몫하지 않은 것은 아니지만, 누가 일을 제대로 하는지, 누가 다른 사람의 작업에 묻어가려 하는지, 이미 드러나고 있다. 그런 환경에서라면 초격차를 자랑하는 회사가 아니라, 스스로가 경쟁의 주인공이 되어야 한다. 어렵다. 초격차를 자랑하는 회사에 들어가 어느 정도 묻어가려는 효과를 누리려 했는데, 4차 산업혁명 뒤의 변화한 기업 환경과 업무 방식은 그런 것을 허락하지 않는다.

다가오는 미래, 축복인가 저주인가

무엇을 어떻게 하라는 말인가?

분석력을 키워라!
창조성과 상상력을 키워라!
감성을 바탕으로 공감하는 능력을 키워라!
자신을 경쟁력의 원천으로 삼아라!

무엇을 어떻게 해야 하는 질문을 던지면 의례 나오는 말이다. 인공지능이 감히 개입할 수 없는 분야를 개척하고(인간의 정서적인 문제를 해결하는 것은 인공지능이 할 수 없는 일이다), 주어진 문제를 다른 시각으로 바라보아 문제를 해결할 수 있는 능력을 키우고(분석력을 키워 문제의 핵심을 이해하는 것으로는 부족하다), 상상력을 바탕으로 디자인 감성을 기르고(브랜드는 가치와 디자인의 조합이다), 변화하는 시대에 맞추어 자신을 끝없이 변화시켜라.

무엇 하나 틀린 말은 아니다. 가슴에 다가온다면 따라가도 좋다.
40대 혹은 50대의 사람들에게 이런 부탁을 한다면 나무 위에서 고기를 구하는 것에 다름 아니다. 고정된 관점과 태도는 잘 변하지 않기 때문이다.
그러니 이런 조언들은 20대 30대를 향한 것이라고 보아도 좋다.
그런데 이런 조언들이 그들에게 통할까?

혹시

꼰대들의 라떼!

또 다른 버전은 아닐까?

MZ세대는 무엇으로 사는가?

한강 뷰(view) 아니면 한강 물.

이렇게 말하면 무엇을 말하는지 알아차리는 사람들이 있다. 강의를 하면서 물어 보아도 상당한 비율로 무슨 말인지 안다. 그렇다. 투자, 소위 말하는 재테크를 잘 해서 거실에서 한강이 바라보이는 아파트에 살든지, 그렇지 않으면 한강물에 빠져 죽어야 한다는 말이다. 처음 이 말을 들었을 때의 당혹감을 아직 기억한다. 50을 넘은 세대도 한강 뷰 아파트의 상품성 혹은 가격에 대해 알고 있지만, 그렇다고 한강 물에 투신한다는 생각은 차마(?) 해보지 않았을 것이다.

MZ세대

밀레니얼 세대(Millennial Generation). 그리고 Z세대.

MZ세대란, 말하는 기준에 따라 여러 갈래로 나눌 수 있기는 하지만, 개략적으로 1980년대 초반에서 2000년대 초반 사이에 태어난 세대를 말한다. 나이로 보면 10대 후반에서 30대 초반의 청년들이 이에 속한다. 나는 2005년에 태어났으니, 혹은 나는 1979년에 태어났으니 이 세대에 속하냐는 질문은 삼가자. 세대를 구분하는 것은 정확한 연령층이 아니라 그들의 공통된 경험이다.

MZ세대가 이전 세대와 구분되는 가장 중요한 특징은 디지털 환경과의 친밀도이다. 밀레니얼 세대는 아날로그 환경에서 태어나 세상을 조금 알아갈 무렵, IT와 인터넷의 디지털 환경에 노출되었지만, Z세대는 이보다 조금 더 일찍 디지털 환경에 노출되었다. 구태여 말하자면, Z세대는 디지털 네이티브이다. 아날로그보다는 디지털이 더 친숙하다.

쉽게 말해 이들에게는 종이 책보다는 e-북이 더 편리할 수 있고, 종이로 된 신문이나 잡지를 구독하는 것에 익숙하지 않다. 미국의 경우 이 세대에 속하는 아이들에게 종이 신문을 보라고 하면 매우 어색해 하며 다음과 같이 말한다: "이 종이 신문은 손가락으로 화면을 키울 수도 없고, 좁힐 수도 없어요. 손가락으로 왼쪽으로 넘어가지도 않아요. 동영상도 없어요."

최근 미국에서 태어난 어린 아이들이 제일 처음으로 배우는 말은 엄마(mom)가 아니다. 알렉사(Alexa)[14]다. 알렉사를 사용할 수 있는 아마존 사용자가 아니라, 아이폰 사용자라면 애플의 인공지능 비서 '시리(Siri)'라는 말을 먼저 배울지도 모른다.

밀레니얼 세대는 피처폰과 같은 아날로그 환경을 어느 정도 이해한다. 하지만, 가장 감수성이 예민할 시기에 IT, 인터넷, 특히 스마트폰을 알게되어 이들의 삶과 가치관을 이해하기 위해서는 인터넷과 스마트폰을 뺄 수 없다. 서울이나 대도시 인근의 카페로 가보라. 이들은, 친구나 연인과 마주앉아 있으면서도, 커피 잔을 앞에 놓고서, 스마트폰에 빠져 있다.

MZ세대는 무엇을 기대하는가?

4차 산업혁명과 앞서거니 뒤서거니 시작된 디지털환경은 비대면의 가능성을 가지고 있었지만, 코로나 판데믹이 발생하기 전까지는 우리의 생활로 들어오지 않았다. 판데믹으로 재택근무가 현실화되자 비대면의 세계는 본격적으로 우리 삶의 일부가 되었고, 거의 모든 직장인들의 생활 패턴의 하나가 되었다.[15] 직장인들의 경우 비대면 재택 근무는 역설적으로 누가 일하고 있는지, 누가 일하고 있지 않는지를 명료하게 드러내었다. 발달된 IT와 인터넷 기술 덕분이다. 호수에서 물이 빠지자, 누가 고래이고 누가 피라미인지 드러난 것이다.

이런 비대면 시대의 도래를 앞두고 자주 사용되는 단어가 '꼰대'이다. MZ세대의 입장에서는 아날로그 향수에 듬뿍 사로잡힌 상사들의 무능과 간섭이 견딜 수 없게 되었다. 일도 하지 않으면서 이래라 저래라 간섭하는, 휴일에도 카톡과 메신저를 날리는 후안무치한, 그래도 자기보다 많은 월급을 가져가는 사람들을 어찌 이해하랴.[16] 이런 MZ세대의 입장에서 가장 중요하게 여겨지는 가치가 '공정'이 된 것은 당연하다. 하지만, 이들이 생각하는 공정은 자신의 입장에서 바라본 것이지, 사회 전체의 입장에서 바라본 것은 아니다. 페미니즘에 비판적인 기준을 적용한다든지, 비정규직의 정규직화에 공정의 잣대를 들이대는 것은 개인적으로 이해할 수 있으나, 사회 전체적으로 바람직한 것이 아니다. 페미니즘 혹은 비정규직이 이 사회에 대두된 역사적 정치적 맥락이 있기 때문이다. 아, 이렇게 말하면 나 역시 아날로그에 젖어있는 꼰대라는 악플이 달릴지 모르겠다.

중요한 것은, 대부분의 시기를 아날로그 감성으로 살아온 기성세대들, 과거 산업화 시대의 공헌을 내세우며 목에 깁스(gibs)를 하고 있는 사람들(MZ세대들의 입장에서는 산업화를 위한 공헌, 그리고 민주화를 위한 헌신이 왜 현재의 권력과 특권으로 변해야 하는지 이해하지 못한다)의 눈으로는 이런 MZ세대의 행동과 태도, 그리고 가치관을 이해할 수 없다는 것이다.

"에이 젊은 것들." 이런 말을 하기 전에 이들의 앞에 놓여있는 미래, 그리고 이들이 지금 헤쳐 나가고 있는 현실의 질곡을 조금이라도 이해하는 눈으로 바라보아야 한다. 선거를 앞두고 이들의 표를 얻기 위한 어거지 감성팔이를 하라는 말이 아니다. 어설픈 감성팔이는 오히려 이들을 밀어내는 것과 같다. 이들 역시 바보가 아니기 때문이다. 싫건 좋건 이들은 향후 20~30년 우리 사회를 이끌어나갈 중추 세력이다.

이 책에서 암묵적으로 혹은 직접적으로 강조하고 있지만, 앞으로 10~20년 뒤 이들 앞에 놓여있는 미래는 지금까지와는 전혀 다른 불확실한 세계이고, 이들이 지금 헤쳐 나가는 현실은 빈부와 세대, 지역의 양극화로 가득한 대한민국 사회이다. 한 수 접어야 할 세대는 우리 꼰대들이지, 이들이 아니다.

MZ세대는 무엇으로 사는가?

입신양명(立身揚名). 몸을 바로 세워 이름을 날린다.

아날로그 세대 혹은 그 이전의 아날-아날로그 세대에게는 대부분 고개를 끄덕일 삶의 목표 혹은 지향점이 될 수 있다. 이들에게는 '사나이로 태어나서'로 시작되는 군가의 이 구절도 묘한 향수를 불러일으키는 지점을 가지고 있다. 개인보다는 집단, 자신보다는 사회가 우선이라는 분위기가 그것이다. 유교적인 문화의 잔재다.

MZ세대에게는 어떨까? 모두가 같은 가치관을 가지고 있지 않지만, 이 세대에 속하는 많은 젊은이에게 이런 구호는 이해할 수 없는 것일 수도 있다. 앞서 이야기한 것처럼, MZ세대는 경제사에서 처음으로 사회, 집단보다는 '나'라는 개인이 더 중요해진 시대를 살아가고 있다. 개별성의 시대다. 이들에게 입신양명을 빗대어 모른 척하고 물어본다.

'출세해야 되지 않니?'
무슨 말이 돌아올까?

'내가 왜요?'

FIRE 족. 아는 사람은 무슨 말인지 알고 있을 것이다. 재정적으로 자유롭게 되어 (Financially Independent) 일찍 은퇴하는 (Retire Early) 사람들. 미국에만 있는 줄 알았던 이 말은 이미 한국의 젊은이들 사이에는 보편화되어 있고,[17] 심지어는 TV[18]에 출연하여 자신의 지향점과 조기 은퇴를 위해 얼마간의 자산이 필요한지 서슴없이 말하고 있다.

이런 개념을 이해하건 하지 않건 이들에게는 경제적 독립은 매우 중요한 목표의 하나다. 최근 2~3년 사이 서울과 수도권의 주택시장의 주요 수요자는 30~40대이며 이들은 정부의 공급 신호에 아랑곳하지 않고 자산과 금융을 활용해 주택을 매입하고 있다고 한다.[19] 필자 지인들의 자제들 (이들은 주로 30대 전후의 연령들이다) 역시 마찬가지다. 이들은 최근 몇 년 사이 결혼하면서 영혼을 끌어모아 집을 사고 있다. 지금은 주택담보대출이 금지되어 대출을 통해 집을 사는 것이 어려워졌지만, 그 이전에는 부모, 조부모, 여친 부모, 지인 찬스, 심지어 마이너스 통장과, 그래, 영혼까지 끌어모아 집을 사고 또 샀다.

자신이 저축한 돈은 없냐고? 왜 없겠는가? 비트코인과 이더리움은 기본이고 도지코인에까지 투자한 쌈지 돈을 긁어 모으고, 동학개미 서학개미의 일원이 되어 테슬라를 모르고 FAANG[20], MAGA[21]를 모르면 바보로 취급하며 돈을 모았다. 그러니 이들의 눈에는 하는 일 없이 그저 때를 잘 만나 한강이 바라다보이는 아파트에 떠억하니 사는 꼰대들이 좋게 보일 리 있겠는가?

하지만 이들에게 경제적 독립이 전부는 아니다. 연봉이 많다고 덜컥

회사를 선택하는 것은 아니다. 삼성전자에 입사했다가, 고연봉에도 불구하고, 하는 일이 진취적이지 않다고 다른 회사로 이직한 이들을 종종 본다. 저녁이 있는 삶이 보장되지도 않고, 꽉 짜인 조직문화에서 정년까지 버티는 윗사람을 보면, 자신의 미래가 어떻게 될지를 미리 가늠할 수 있기 때문이다. 또 다른 탈출을 시도한다. 어디로 갈까? 공무원을 능가하는 안전성과 상대적으로 높은 급여를 보장하는 공기업이 1순위이다. 그리고 다음은 무엇일까?

네카라쿠배당토.

무슨 말인가? 네이버, 카카오, 라인, 쿠팡, 배달의 민족, 당근 마켓, 토스.

상대적으로 높은 연봉은 물론이고, 4차 산업혁명의 시대답게 시대의 첨단을 달리는 기업들이고, 시간이 가고 혹 운 좋으면 IPO(Initial Public Offering: 기업공개)를 통해 보통 사람들이 짧은 시간 안에 얻을 수 없는 부를 얻기도 한다. 물론 세상 이치가 그런 것처럼 모든 사람들이 이에 만족하는 것은 아니다. 대기업 이상으로 '꼰대스러워진' 기업 문화가 부담스럽기도 하고, 많은 성과를 내라는 요구 아닌 요구에 다시 절망을 경험하기도 한다.

그래서 다시 돌아온다.

FIRE 족이 되는 것이 꿈이라는 그들의 말이, 한강 뷰 아니면 한강 물이라는 그들의 말이 이제 이해가 된다.

남자는 이해받기를 원하고,
여자는 사랑받기를 원한다.
그러면 MZ세대는?

착각이 아니길 바란다.
그들은 그냥 있는 그대로 바라봐 주기를 원한다.

간섭과 훈계 대신, 스스로 길을 찾아 가도록 지켜보자.
그러다 기쁨의 길로 접어들면 물개 박수를 보내고, 눈물의 길로 접어들면 안타까운 눈길을 보내면 된다.
스스로 혼자서 모든 것을 할 수 있고, 또 해 나갈 것이다.
그러니 믿고 지켜보자.
미래는 어차피 그들의 몫이다.

다가오는 미래, 축복인가 저주인가

서핑하는 방법: 미래의 거친 파도를 어떻게 넘을 것인가?

내면 검색(Search Inside Yourself)

차드 멍 탄

Wisdom 2.0

실리콘 밸리

　이 단어들의 공통점은 무엇일까? 전혀 어울리지 않을 듯한 이 단어들은 실리콘 밸리에서 유행처럼 번지고 있는 명상, 혹은 마음 챙김(Mindfullness)을 의미한다. 구글 입사번호 107번이자 창립 멤버였던 차드 멍 탄은 주변 사람들이 보기에는 성공적인 삶을 살아왔음에도 불구하고, 불안과 우울에 시달리고 자신의 능력을 믿을 수 없었다. 그런 그를 구해낸 것이 내면 검색이라고 불리는 자기 명상법이다. 이 명상법은 구글의 내부 훈련 프로그램이었는데, 실리콘 밸리 전체 나아가 미국의 주요 CEO들이 대거 참여하는 Wisdom 2.0 이라는 컨퍼런스로 발전했다.

중요한 것은 무엇일까?

실리콘 밸리라는 말을 들으면 떠 오르는 이미지는 첨단, 기술, 발전, 그리고 그 결과이기도 한 세속적 성공이다. 무엇이라고 치장해도 실리콘 밸리로 몰려온, 지금도 몰려드는 사람들은 목표 지향적이고, 데이터 중심적이고, 성공적인 삶을 열망한다. 실리콘 밸리는 현대의 많은 사람들에게 부와 명성을 약속하는 장소이기도 하다.

그런데, 웬 명상인가?

평범하다면 너무 평범하고, 변하지 않는다고 하면 너무 변하지 않는 것이지만, 이런 열풍, 흐름은 한 가지 사실을 명백히 말한다. 부와 명성이라는 세속적 성공으로 채워지지 않는 뭔가가 있다. 물론, 실리콘 밸리에서 유행하는 명상과 내면 검색이 동양의 불교와 선(禪)적인 문화에서 의미하는 깨달음, 자기실현, 초월이라는 인생의 근본적 의미 탐구로 이어질지는 아직 미지수다. 내면 검색이라는 구글의 이 프로그램은 자신의 감정을 조절하고, 인간 관계 및 리더쉽 향상이라는 지극히 실리콘 밸리적인 문화와 맞닿아 있기 때문이다.

그러면 어떤가? 이런 열풍을 통해서 틱낫한 스님의 구글 방문 이후로 시작된 "깨어있는 점심(Mindful Lunches)" 수업이 진행되기도 하고, 평소에는 관심을 가지지 않던 감성 지능(EI: Emotional Intelligence)을 키우기 위해 애를 쓰기도 하고, 인터넷 접속에 시달리고, SNS에 휘둘리는 자신을 되돌아 볼 수 있다면 정말 바람직한 것이다.

무엇을 말하고 싶은 것일까?

실리콘 밸리에서 아무리 성공하더라도 사람은 '그것'만으로 살아가지 못한다. 그것에 포함되는 것이 무엇인지는 조금만 생각하면 안다: 부와 명성. 실리콘 밸리의 이런 명상 열풍은 역설적으로 '그것'을 성취하고 난 뒤, 혹은 그 과정에서 무엇이 중요한지를 말해준다. 다름 아닌 자기 자신이다. 조금 통속적이지만, 행복하지 못하면 그것을 성취하더라도 아무런 보람을 느끼지 못할 수 있다.

이렇게 말하면 반드시 반론이 나온다.

나는 행복하지 않아도 좋으니 먼저 '그것'을 성취하기를 원한다. 많은 사람들이 사회로 향하면서 이런 마음을 가지고 신발 끈을 맨다. 충분히 동의한다. 종부세 때문에 걱정하는 친구에게 '나는 밤새 걱정을 해도 좋으니 우선 종부세를 내야 하는 아파트라도 있었으면 한다'고 말하는 것과 같다.

정말 중요한 것에 관심을 가지기 전에, 아니 정말 중요한 것에 관심을 가지려 하더라도, 10년 20년 뒤 4차 산업혁명을 통해 오는 사회, 경제적 변화라는 파도는 너무 엄청나다. 그 파도를 앞에 두고, 안하무인(眼下無

人)격으로, 독불장군(獨不將軍)격으로, 그것을 팽개쳐 두고, 자기 자신을 찾으라고 말하는 것은 몸에 불이 붙어 불을 꺼야 하는데, 우이독경(牛耳讀經)식으로 너 자신을 알라고 말하는 것과 유사할지 모른다.

우선, 불을 꺼야 하지 않겠는가? 우선 이 파도를 넘어야 하지 않겠는가? 그럼에도 불구하고, 자기 자신을 찾는 명상을 먼저 언급한 것은 불을 끄는 과정에서, 파도를 넘는 과정에서 이 세상에 함몰되거나, 이 세상과 작별을 고할 수도 있기 때문이다.

여기서 말하고 싶은 것은 '그것'을 얻는 방법에 대한 것이 아니다. 그런 방법은 도서관이나 서점 혹은 인스타그램이나 트위터에 넘쳐난다. 말하고 싶은 것은 '그것'을 얻는 과정에서 취해야 할, 이 책에서 계속적으로 언급한 사회의 변화라는 파도를 서핑하는 자세에 대한 것이다. 모든 것이 그렇지만 서핑에서도 자세와 태도, 그것을 바탕으로 한 기본기의 중요성은 50% 이상이다. '그것'을 얻을 수도 있고, 얻지 못할 수도 있다. 성공 여부는 알지 못하고, 알 수도 없다. 그렇지만, 올바른 자세가 몸에 밴다면 '그것'을 얻을 수 있는 가능성이 조금이라도 높아지고, 혹 얻지 못하더라도 날이 밝은 어느 날, 종부세 낼 처지가 아닐지라도, 마음 가득히 평안과 행복은 넘쳐날 가능성은 높아진다.

서핑하는 방법 1: 가지고 놀 것인가, 휘둘릴 것인가?

(To control or to be controlled, that is the question)

앞으로 10년 혹은 20년, 쉽지 않은 변화와 혼란의 시기다. 이 변화와 혼란을 제대로 타고 넘기 위해서 가져야 할 가장 중요한 덕목은 자신이 주위의 모든 것에 대한 주도권을 확보하는 것이다.

그 불확실한 미래, 개인의 생활과 삶과 관련지어 우리가 주목해야 할 사실은 대략 다음과 같이 정리할 수 있다(자세한 것은 1, 2, 3부에서 설명할 것이다).

- 인공지능과 로봇의 발전에 따라, 직업과 직장은 예측하기 어렵게 변하고, 인간은 일자리를 얻기가 더 어렵게 될 수 있다.
- 온라인으로 연결된 세계에서 우리가 하는 모든 일은 흔적을 남기고, 국가나 기업은 그 흔적을 쉽게 파악한다.
- 메타버스의 발전은 현실과 가상의 경계를 없애고 있다.
- 부와 사회의 양극화는 더 심해진다.
- 현재의 돈은 암호화폐의 형태로 변해가고, 그 가치는 예측하기 어렵다.
- 플랫폼 기업은 시간이 지날수록 더 막강한 독점력을 발휘한다.
- 향후 20년, 인간은 안드로이드 로봇과 공존하는 세상을 수용해야 할지 모른다.
- 현재 아무리 탁월한 경쟁력을 가진 기업이라도 미래를 장담하기 어렵다.
- 당신의 확신은 알고리즘에 의한 확증편향의 결과일 수 있다.

- 개인정보라는 빅데이터를 제대로 활용할 수 없으면 4차 산업혁명이 제대로 진행될 수 없고, SNS는 기본적으로 이런 개인정보를 얻는 가장 확실한 방법이다.
- 온라인으로 연결된 세상에서 우리가 얻는 모든 편익은 공짜가 아니다. 우리 자신을 그 대가로 지불한다.

어떤가? 이렇게 변하는 세상에서 자신의 모든 것을, 자신을 둘러싼 모든 것에 대해 주도권을 가질 수 있겠는가?

방법은 두 가지 밖에 없다. 스스로 주도권을 행사할 수 있는 힘을 가지든지, 아니면 주도권이 존재하지 않는 세계로 가는 것.

주도권을 행사하기 위해서는 역설적으로 IT 벤처기업을 창업하여 기존의 IT 기업을 대체하든지, 기존의 플랫폼 기업을 능가하는 새로운 플랫폼 기업을 만드는 것 밖에 없다. 제2의 마크 저커버그, 일론 머스크, 제프 베이조스가 되거나 혹은 카카오를 만든 김범수, 네이버를 만든 이해진이 되어야 한다. 플랫폼 기업의 창업이 어렵다면, 메타버스에서 구동하는 혁신적인 게임을 만들면 된다. 세상의 부의 구조, 그 상위 0.1% 안에 들어가야 한다. 그렇지만, 모든 사람이 이런 방식으로 주도권을 가지기는 어렵다. 주도권을 가지지 않으면, 매트릭스의 세계에서 인간이 인공지능의 연료 혹은 먹이가 되는 것처럼, 앞으로의 세계에서 자신이 인공지능과 플랫폼 기업의 먹이가 된다.

주도권이 존재하지 않는 세계가 있을까? 디지털 디톡스(digital detox:

일정기간 동안 디지털기기를 전혀 사용하지 않고 지내며 디지털의 독소를 빼내는 것)라는 말이 시사하는 것처럼, 스마트폰을 비롯해 모든 전자기기를 일정 기간 동안 전혀 사용하지 않고 살아갈 수 있을까? 가능할 수도 있다. 인공지능을 장착한 플랫폼과 SNS의 주도권이 존재하지 않는 세상은 있다. 자연인으로 살거나, 소로우처럼 깊은 산 속에서 소박한 삶을 살면 된다.

이 모든 것도 여의치 않다면, 주도권을 두고 밀당을 하지 않으면 안 된다. 밀당이라는 표현도 민망하다.

가지고 놀자.

플랫폼 기업이, 메타버스 기업이 우리를 가지고 이리저리 굴리더라도, 그들의 주도권의 근원이 우리에게 있음을 알아 차리고 그것을 가지고 놀면 된다. 초감시 사회가 여러 촉수로 우리를 건드리더라도 그 촉수가 우리에게 해를 끼치지 않는 방법을 강구하고, 그런 규칙이 통하는 사회를 만들어 가면 된다. '세상의 모든 노동자여 뭉쳐라'라고 외치지는 않더라도, 세상의 모든 네티즌들이여, 투명한 행동으로 그 촉수를 무력화시켜, 플랫폼 기업을 우리의 허락을 받아야 움직이는 꼭두각시로 만들면 되지 않겠는가?

넘어지지 않는 방법 1: FOMO or JOMO

당신은 어느 영역에 속하고 싶은가?

FOMO(Fear of Missing Out: 온라인이나 SNS에 떠도는 정보를 제대로 알지 못할까 하는 두려움) 족, 아니면 JOMO(Joy of Missing Out: 오히려 그런 상태를 즐기는 것) 족.

끝없이 연결된 온라인 사회, 아니면 초연결 사회, 인공지능을 장착한 로봇 혹은 알고리즘이 당신보다 당신을 더 잘 아는 사회. SNS로 한시도 그치지 않고 온갖 정보와 트렌드가 난무하는 사회. 잊히는 것이 두려운가, 잊히는 것이 즐거운가?

디지털 디톡스를 권하면 고개를 흔든다. 넷플릭스나 유투브를 보지 못하고, 카톡이나 인스타그램을 확인하지 못하고, 아마존이나 핫한 쇼핑몰에서 어떤 상품이 잘 팔리는지 확인하지 못하고, 조금만 걸어도 몇 걸음을 걸었는지 확인하지 못하는 생활을 하라면 며칠이나 견딜 수 있는가? 스마트폰을 반납하고, 온라인과의 접속을 차단하고 최소한 하루라도 온전히 나무, 산, 강, 바다를 바라보며 지낼 수 있는가?

넘어지지 않으려거든, 변하는 세상을 가지고 놀기 위해서는 JOMO 족이 되어야 하지 않을까? 그냥 내버려 두어도 FOMO 족은 저절로 된다.

서핑하는 방법 2:
무엇을 남길 것인가, 잊혀질 것인가 ?

(To leave something or to want to be forgotten, that is the question)

특히 MZ세대에게 하고 싶은 말이다. 앞으로 20년, 무엇을 이 세상에 남기고 싶은가? 아니, 이 세상에 '무엇인가를 남기는 것'이 살아가는 목표인가?

정치인들을 인터뷰한 기사에는 '이런 저런 사람, 이런 일을 한 사람'으로 남고 싶다는 말이 자주 나온다. 그렇게 살기를 원하는가? 그렇다면 다시 묻는다. '이런 저런'이나 '이런 일'에 대해 명확하게 정의할 수 있는가? 기존의 플랫폼을 능가하는 새로운 플랫폼 기업을 만들겠다. 박수를 보낸다. 일론 머스크를 민망하게 하는 새롭고 혁신적인 전기차 기업을 만들겠다. 박수를 보낸다. 1 대 99의 사회를 최소한 40 대 60의 사회까지는 만들겠다. 뜨거운 박수를 보낸다.

역사나 사회에 족적(足跡)을 남기기를 원한다는 그런 꿈, 무엇이라도 남기기를 원한다는 그런 꿈. 나쁘지 않지만 그런 꿈은 이룰 수도 있고, 이루지 못할 수도 있다. 차라리 그런 꿈의 달성 여부는 먼 미래의 결과로서 내버려 두고, 우선은 파도를 유연하게 넘는 것이 좋지 않을까? 자신의 생활을, 자신의 삶을 가지고 놀 때, 그래서 유연하게 파도를 넘을 때 역설적으로 그런 꿈도 보다 쉽게 달성된다.

도서관에서 관련 책 몇 권만 보면 쉽게 알 수 있다. 세계 경제사, 아니 인류 역사를 돌이켜 볼 때 무엇이라도 남기기를 원한다는 말에는, 잊혀지기 싫다는 탐욕과 전략과 모략의 내음이 모락모락 피어나고 있다. 정말 냄새나지 않는가?

자신의 삶을 가지고 논다는 것은 (이 세상의 일반적인 기준과 관점의 영역에서는) 잊혀진다는 것이다. 흔적이라고 할 만한 흔적을 남기지 않는다. 가상과 현실이 혼합되는 이 세계에서 흔적은 어차피 남을 수밖에 없지만, 그 흔적은 무엇을 위한 것이 아니라 자신의 삶을 위한 것이다.

넘어지지 않는 방법 2: FIRE or Fired

FIRE는 두 가지 의미를 가진다.

첫 번째 의미는 아마 알고 있을 것이다. Financially Independent Retire Early. 말 그대로 재정적으로 독립하여 일찍 은퇴하는 것이다. 은퇴 뒤에는 자기가 하고 싶은 일을 하면 된다. 놀이와 같은 일을 할 때 FOMO가 되지 않고 세상을 가지고 놀 수 있다.

두 번째 의미는 재정적으로 독립하지 못하면 내면적으로 자신을 하고 있는 일에서 해고하라는 의미다(FIRE oneself). 오해하지 말자. 생계를 위해 하는 일을 그만두라는 말이 아니다. 나인 투 파이브(9 to 5)가 아니더라도 어차피 앞으로 사람이 해야 하고, 할 수 있는 일은 많지 않다. 생계를 위해 하는 일에 갈등이나 괴로움을 당하지 말고, 정신적인 자유를 선택해야 한다. 내면적으로 자신을 해고하라는 말이다. 저녁이나 주말에는 전혀 다른 일을 할 수 있지 않을까?

그렇지 못할 때에는, 그런 자세를 가지지 못할 때에는, 생계를 위해 하는 일에서마저 해고 당할 수 있다(Fired).

서핑하는 방법 3:

평가할 것인가, 평가를 받을 것인가 ?

(To evaluate or to be evaluated, that is the question)

서평하는 방법 1, 2의 공통점은 무엇일까?

가지고 논다. 놀이처럼 즐긴다. 거리를 두고 바라본다. 투명하게 지나간다.

이런 서평 방법의 마지막 결론은 무엇일까?

평가를 받지 말고 스스로 평가를 해야 한다. 4차 산업혁명 시대는 개인을 중심으로 세계화가 이루어지는, 개별성의 시대다. 그 개인 중심, 개별성 중심의 사회에서는, 스스로 평가를 하는 것이지, 평가를 받는 대상이 되어서는 안된다. '안된다'는 표현은 지나친 감이 없지 않다. 그런 상태로 나아가야 한다. 평가를 하는 사람은 자기 자신을 평가하는 것이지, 타인을, 상대방을 평가하는 것이 아니다. 상대방은 두고 바라보는 대상일 뿐이지, 잣대를 가지고 재어야 할 대상은 아니다.

스스로 자신을 평가한다면 그것은 10년 20년 뒤의 세상에서도 자신의 삶을 하나의 놀이처럼, 즐기면서 음미할 대상이 될 수 있다.

시인의 말이 이런 시대에 어쩌면 그렇게도 맞을 수 있는가?

살아간다는 것은 이 시대에 소풍을 온 것이다.

넘어지지 않는 방법 3: Do not work hard, but work wise!

단체의 임원을 맡거나, 심지어는 논문 지도교수를 부탁하러 와서도 말한다. 열심히 하겠습니다. 오 제발! 열심히 하지 마십시오. 어디로 가는 지도 알지 못하면서, 자신을 움직이는 것이 무엇인지도 알지 못하면서, 그냥 열심히 한다면 그것은 FOMO 족이 되고 직장에서 잘리는(Fired) 지름길이 된다.

책 제목도 있지 않은가?

하마터면 열심히 살 뻔 했다.

그렇지만 방 청소는 제발 하고 다녀라!

다시 무엇이 중요한가?

'그것'은 중요하다. 실리콘 밸리에서가 아니더라도 사람의 삶이 그것이 없으면 어떻게 유지될 것인가? 중요한 그것을 얻기 위해 노력하기 바란다. 성공을 빈다.

길을 가다 여러 번 쓰러지거나, 혹 성공을 거두어 지나온 길을 돌이켜 본다면 다시 한 번 스스로 묻기 바란다.

이게 정말 내가 바라던 것일까? 명상과 마음 챙김은 길을 가는 과정, 혹은 길이 끝나는 지점에서 정말 중요하다. 당신이 무엇인지, 누구인지, 어떤 사람인지, 어떤 사람이 될 것인지 알려주기 때문이다. 정확히 말하면 알게 되기 때문이다.

그럼에도 불구하고 사람들은 다시 신발끈을 매고 실리콘 밸리와 같은 사회에서 암호화폐를 돛대로 삼고, 주식과 부동산을 나침반으로 삼아서, 허무하지만 용감하게 1%라는 목표를 향해 갈 수밖에 없다.

그러니 마지막으로 던지는 슬쩍 던지는 말은 다음과 같다.

마음을 챙기게나!
그리고선 무소의 뿔처럼 혼자서 가게나!

II

산업과 기업

플랫폼 기업의 부상: 실체와 연결, 무엇이 힘이 센가?

기름이 자르르 흐르는 간짜장면.

당신은 이 간짜장면을 매우 좋아한다. 어떻게 하면 이 간짜장면을 점심으로 먹을 수 있을까? 우문현답(愚問賢答). 돈을 내고 사먹으면 된다. 하지만, 당신 주위에 간짜장면을 만드는 식당이 어디에 있는지 모른다면? 우문현답(愚問賢答). 검색을 하면 된다. 하지만, 정말 많은 사람들이 좋아하는 간짜장면 만드는 식당이 어디 있는지 모른다면 어떻게 할까? 다시 우문현답(愚問賢答). 당신은 지금 이 시대에 태어난 것을 감사해야 한다. 우리가 어떤 민족? 배달의 민족. 혹은 쿠팡이츠.

수수료, 정말 괜찮은가?

쿠팡이츠를 통해 간짜장면 한 그릇을 시키면 당신은 간짜장면 값만 내는 것이 아니다. 주문중개 수수료, 배달료는 기본적으로 지불해야 한다. 식당 주인은 어떨까? 다음은 2021년 7월의 사례이다.[22]

〈중국집 김씨가 삼선 간짜장 곱빼기 한 그릇 팔았을 경우의 비용〉

(쿠팡이츠를 기준)

매출:	10,000원
주문 중개 수수료:	- 1,000원
카드 수수료, 결제 이용료:	- 300원
배달요금 중 김씨 부담액:	- 3,182원
부가세:	- 448원
김씨가 받는 금액:	5,070원

[자료: 조선일보 2021년 7월 20일]

1만원을 팔아도 식당 주인이 손에 쥐는 금액은 5,070원에 불과하다. 약 50%에 가까운 돈이 수수료와 배달료로 나가버린다. 어떤 생각이 드는가? 쿠팡이츠의 사례를 들었지만 배달의 민족 역시 크게 다르지 않다.

쿠팡이츠와 배민(배달의 민족)은 배달 플랫폼이다. 여기서 아주 기본적인 질문을 던진다. 배달 플랫폼이 없으면 식당은 음식을 팔 수 없을까?

배달 플랫폼이 없으면 소비자는 원하는 음식을 먹을 수 없을까? 배달 플랫폼이 주문한 음식에 버금가는 수수료와 비용을 가져가는 것은 정당한 것일까?

배달 플랫폼을 유통으로 본다면 플랫폼, 식당, 소비자 모두 윈윈(win-win)하는 것이 본래 유통 플랫폼의 기능이다. 지금 이런 배달 플랫폼으로 인해 여기에 연결된 세 경제적 당사자가 전부 혜택을 보고 있는가?

배달 플랫폼만 플랫폼이 아니다. 시야를 조금만 더 넓히면 아마존이라는 엄청난 플랫폼을 만나게 된다.

아마존은 어디까지 발전할 것인가?

코로나19가 아직 판데믹으로 발전하기 직전인 2020년 1월, 라스베이거스에서 개최된 CES 2020(Consumer Electronics Show 2020)에서 경험한 일을 하나 소개하고 싶다. 다 아는 바와 같이 CES는 IT와 제4차 산업혁명과 관련된 제품과 기술을 소개하는 최첨단의 전람회다.

헬스케어 신제품을 소개하는 부스를 다니다가 마음에 드는 제품을 발견했다. 국내에서는 당연히 구할 수 없는 것이다. 그래서 미국에서 이 제품을 사고 싶었기에 스쳐 지나가듯 물었다. "이 제품을 판매하는 상점이 어디에 있느냐?" LA나 보스톤, 혹은 뉴욕에 있다는 답을 기대한 필자에게 엉뚱한 답이 돌아왔다. "아마존에 있다." 그럴 수도 있겠지. 하지만, 마음에 드는 상품을 발견할 때마다, 어디서 살 수 있느냐는 질문을 할 때마다, 돌아오는 답은 약속이나 한 듯이 같았다. 아마존에서 구입하란다.

아 아마존. 짐작은 하고 있었으나 CES 2020을 통해 다시 확인한 셈이다. 아마존은 단순한 전자상거래 업체가 아니다. 일종의 플랫폼이다. 모든 물건이 거쳐 가는, 아마존을 거치지 않고서는 물건을 사거나 팔 수 없는 '상품의 정류장'이 된 셈이다. 무슨 말일까? 생산자와 소비자를 중재 혹은 중계한다는 점에서 아마존은 일종의 유통 기능을 하고 있지만, 아마존은 단순한 유통 기관의 범위를 넘어서고 있다. 대부분의 물건이 아마존에 있으니 소비자는 물건을 구입하러 아마존으로 가고, 대부분의 소비자가 물건을 구입하러 아마존으로 가니 생산자는 아마존에 입점하지 않을 수 없다. 생산자, 소비자, 유통기관, 이 삼자가 상생하는 것이 아니라 유통기관인 아마존이 압도적인 갑의 위치를 차지하게 된 것이다.

도대체 아마존은 어떻게 해서 이런 위치를 얻을 수 있었을까? 몇 가지 이유가 있을 수밖에 없다. 가장 큰 이유는 시장 점유율과 관련된 것이다. 필요한 경우 관련 업체를 인수 합병하는 것도 서슴치 않았고, 빠른 배송을 위해 물류센터를 확장하는 일에도 많은 금액을 투자해 왔다. 그래서 오랫동안 적자를 면하지 못했다. 매출은 매년 빠른 속도로 늘어났으나, 영업이익은 2016년을 넘어서야 조금씩 발생하기 시작했다. 지금도 크게 변하지 않았지만, 그 당시 아마존의 목표는 이익을 얻는 것이 아니라 시장점유율을 높이는 것이었다.

하지만, 아마존이 시장을 장악하는 순간(생산자와 소비자에 대해서 완벽한 갑의 위치에 올라선 순간), 생산자에 대해서는 품질과 납기조건, 소비자에 대해서는 가격에 대해 막강한 힘을 가지게 된다.

아마존 만의 문제가 아니다. 구글, 우버, 애플, 알리바바, 텐센트 등의 IT 대기업도 당연히 포함되고 한국의 카카오, 네이버, 배민, 쿠팡도 예외가 아니다.

실체와 연결, 무엇이 중요한가?

손으로 만질 수 있고 먹을 수 있는 음식. 그것을 실체라 하자. 손으로 만질 수도 없고 먹을 수도 없지만 음식을 만든 사람에게서 그것을 필요로 하는 사람에게 전달하는 것. 그 기능을 연결이라 하자.

묻고 싶다. 그 실체와 연결 중 무엇이 정말 중요한가? 음식이 아무리 많더라도 필요로 하는 사람에게 전달되지 않으면 음식의 가치는 사라지고, 연결 기능이 아무리 발달하더라도 연결할 실체가 없다면 그 기능은 아무 쓸모가 없다. 그러니 그 균형은 실체와 연결, 그리고 소비자의 평가를 아우르는 어느 점에 위치할 것이다. 이 세 가지가 유기적으로, 효율적으로 결합되면, 연결, 연결의 대상인 실체, 그리고 소비자는 함께 이익을 보게 된다.

이런 문제를 제기하는 것은 어느 기준으로 보아도 지금 한국과 세계의 모든 영역에서 실체보다 연결이 우위에 서 있는 것이 보여지기 때문이다. 쌀이 생산되지 않는데, 쌀을 실어나르는 트럭이나 쌀을 중계하는 도소매상이 아무리 많으면 뭐하나? 지금 조금 과장되게 말하면, 그 연결의 기능이 너무 강하기 때문에 실체를 생산하는 사람들은 허무의 감정을 떨쳐 버릴 수 없다. 쉽게 말해, 간짜장면을 만들어 힘들게 팔아봐야 배달 플랫폼들만 좋은 일 시킬 뿐이지, 식당 주인에게 돌아오는 몫은 얼마 되지 않으니, 차라리 그만두고 싶다는 것이다.

문제는 이것 만이 아니다. 다시 아마존의 사례로 돌아가 보자.

미국의 도시를 다니다 보면 대형 쇼핑몰 혹은 쇼핑 구역을 만나게 된다. 그 쇼핑몰의 중간 지점에 대개 큰 백화점이 자리 잡고 있다. 그런데 그 백화점들이 하나둘 문을 닫고 있다. 왜 그럴까? 아마존 때문이다. 앞에서 말한 대로 아마존은 시장 점유율을 높이기 위해 (대규모의 물류창고를 계속적으로 건설하면서) 저렴한 가격으로 미국의 소비자들에게 물건을 팔기 시작했고, 소비자들은 저렴한 가격으로 편리하게 물건을 살 수 있는 아마존을 거부할 이유를 찾지 못했다. 배송에 시간이 많이 걸린다고? 아마존의 설립 초기에는 이런 질문이 타당했다. 하지만 지금은 쓸데없는 걱정이다. 대규모의 물류창고와 연결된 아마존 프라임 서비스를 이용하면 어떤 물건이든 다음날 받아볼 수 있게 되었기 때문이다.

이처럼 아마존을 이용한 물건 구매가 많아지니, 미국 대도시의 대형 쇼핑몰 혹은 쇼핑 구역에 입점한 상점들이 영향을 받기 시작했다. 한 도시, 한 지역, 더 크게는 한 국가의 유통구조까지 영향을 받기 시작한 것이다. 아마존 때문에 메이시 같은 백화점이 문을 닫고, 토이저러스 같은 장난감 전문점도 문을 닫았다. 온라인 거래가 더 보편화되면 이런 추세는 더 빨라질 것이다. 메이시나 토이저러스가 문을 닫으면 어떤 일이 발생할까? 대도시의 큰 쇼핑몰의 한 가운데가 그냥 빈자리로 남게 된다. 이론적으로 새 백화점이나 상점이 들어오면 되는데, 아마존에 맞서서 경쟁할 수 있는 그런 사업체가 별로 없다.

그 결과 어떤 일이 벌어질까? 아마존은 나날이 번창하지만, 지역사회의 쇼핑몰은 상대적으로 쇠퇴한다. 상권이 점점 죽어간다. 미국의 중소도시 어디에서나 이런 현상을 자주 목격할 수 있다. 그러면 누구의 몽상처럼 세상에 있는 모든 오프라인 상점들은 아마존으로 다 통합되고, 소비자들은 아마존에 목을 걸 수밖에 없는 세상이 오게 되려나?

온라인 플랫폼에 대한 규제

"현대의 빅테크 플랫폼 기업들의 반독점 행위를 통제하기 위해서는 기존의 소비자 후생 중심의 규제 틀에서 벗어나 경쟁과 시장구조에 초점을 맞추어야 한다."

2021년 6월, 미국연방거래위원회(FTC: Fair Trade Commission, 한국의 공정거래위원회 격)의 새 위원장으로 임명된 리나 칸은, 2017년 그의 박사학위 논문에서 플랫폼 기업의 반독점 행위에 대한 인식의 전환을 위와 같이 요구했다. 소비자 후생에서 경쟁과 시장구조로.

미국은 반독점을 규제하는 오랜 역사를 가지고 있다. 자본주의 종주국답게 독점보다는 경쟁이 낫다고 생각한다. 과거에는 소비자와 생산자 사이에 이익이 어떤 식으로 배분되건 '효율성'을 향상시키는 합병은 합법적인 것으로 간주되었다. 다시 말해, 소비자 효용이 훼손되지 않는다면, 시장지배력을 확장하는 독점적인 인수합병도 정당한 것으로 인정하였다. 지금은 조금 결이 달라졌다. 시대가 변하면서 가격뿐 아니라 제품의 질, 혁신 등도 반독점 규제를 판단하는 요소로 포함되었다. 현재의 민주당은 대기업들의 경제적 권력 집중을 견제하고 중소기업의 보호라는 측면까지 포함시키고 있다.[23] 독점을 판단하는 기준이 보다 넓어진 것이다.

아마존을 21세기 상거래의 거인으로 보는 리나 칸의 FTC는 가장 먼저 페이스북을 반독점법 위반으로 제소했다. 하지만, 2021년 6월, FTC는 패소를 하고 말았다.[24] 그러나 이것은 FTC의 실패가 아니라 현재의 반독점법을 개정하고, 시대에 맞게 해석하기 위한 시작의 시작에 불과했다. 2021년 8월, FTC는 다시 페이스북을 제소했다.

이 개별 반독점법 제소의 추이는 이 책의 관심 사항이 아니다. 관심 사항은 반독점을 판단하는 기준들이 어떻게 변해왔고, 지금 어떤 상태에 있는가 하는 점이다. 그래서 중요한 것은 다음과 같다: "플랫폼 기업의 영향력이 가장 큰 미국에서 플랫폼 기업의 반독점을 평가하던 관행이, 소비자의 후생, 혹은 가격에서 경쟁과 시장구조까지 평가하는 방향으로 바뀌고 있다."

이런 방향 전환은 미국에서만 일어나고 있지 않다. 한국 역시 이런 플랫폼의 반독점에 대한 관심이 매우 높다. 카카오와 네이버의 사업 영역

확장 제한, 배민과 쿠팡이츠의 배달 수수료에 대한 규제, 더 나아가 구글의 인앱 결제 금지까지 한국도 플랫폼 기업의 경쟁과 독점이 시장 전체에 미치는 영향을 주목하기 시작했다. 조금 결이 다르기는 하지만 중국 역시 플랫폼 기업에 대한 규제를 시작했다(2부 7장 참고).

어디 쯤이 바람직한 균형일까?

돌이켜 보면 세계는 4차 산업혁명기에 접어 들면서 온라인 플랫폼이 제공하는 편의성, 효율성, 그리고 그 혁신의 폭과 범위에 환호했다. 아마존의 편리함, 메시지와 금융이 결합되는 간편함, 잊혀져 가는 기억과 사람을 다시 소환해내는 연결성, 세계를 넘나드는 실시간 검색의 편의성.

하지만, 그런 환호는 시간이 지나면서 여러 가지의 역설을 나타내기 시작했다: 1)혁신에 환호하던 플랫폼 기업이 이제 스스로 혁신의 방해가 되고 있는 역설; 2) 혁신에 이어 시장의 경쟁을 촉진하던 그 플랫폼이 이제 경쟁을 저해하는 요인으로 작용하고 있는 역설; 3) 소비자에게 낮은 가격으로 높은 편의를 보장한다던 그 플랫폼이 소비자의 구매를 좌지우지하고 있는 역설; 4) 많은 소비자를 끌어오기 위해 수많은 중소기업의 입점을 유도하던 플랫폼(그러기 위해서 수많은 인센티브를 제공하던 그 플랫폼)이 이제 품질과 납기, 가격에서 주도권을 행사하고 있는 역설. 이 역설들을 어찌해야 하나?

FTC를 시작으로 해서 빅테크 플랫폼 기업에 대한 반독점 규제가 시행되면 지금 우리가 보고 있는 역설들이 시정될 수 있을 것인가? 그 답은 긍정적이다. 간짜장을 만드는 중소 중국집 사장의 환호가 들리는 듯하다.

그러나 경제사를 돌이켜 보면, 좋은 의도로 시작된 규제가 시간이 지나면서 애초에 기대했던 효과를 달성하지 못하는 경우를 많이 볼 수 있다. 경제 여건이 변하기도 하지만, 규제는 그 자체로 직선으로 질주하는 관행을 가지기 때문이다. 한 번 규제 열차를 출발시키면 멈추기가 어렵다는 것이다.

조금 이른 이야기이긴 하지만, 빅테크 플랫폼 기업에 대한 반독점 규제가 본격적으로 시행되고 지금 우리가 목격하는 역설들이 시정될 기미를 보이기 시작하면, 다시 새로운 목소리가 나올 가능성이 있고 그 새로운 목소리는 아마 다음과 같은 형태를 띠게 될지 모른다.

"지금 닭들이 많이 움직이지 못하기 때문에 많은 달걀을 낳지 못하고 있다. 움직이지 못하는 규제를 철폐하거나 완화함으로써 닭들이 더 많은 달걀을 낳도록 해야 한다."

그래서 플랫폼의 반경쟁적 독소를 제거하면서, 애초에 우리가 플랫폼에 환호했던 경쟁적 효과를 극대화하는 방향이 무엇인지, 깊고도 깊은 고민이 필요하다.

간짜장 만드는 사장님의 얼굴도 활짝 펴지고,

배달의 민족 앱도 상생할 수 있는 그런 솔로몬의 지혜는 없을까?

4차 산업혁명은 마지막이다?

4차 산업혁명이 마지막이다!

강의 중에 이런 화두를 던지니 한 학생이 손을 번쩍 든다.

교수님, 산업혁명에 어찌 마지막이 있을 수 있습니까?

4차 산업혁명은 지금도 진행되고 있고, 그것이 축복이 될지, 저주가 될지 아직 누구도 분명히 말할 수 없다. 그런데 이 혁명을 마지막 산업혁명이라고 하다니, 누가 감히 그렇게 말할 수 있는가? 조금 더 설명을 들어보기 바란다.

산업혁명이란 무엇인가?

마지막 산업혁명. 이렇게 말을 하기 위해서는 다음의 의미를 가져야 한다; 지금 진행되고 있는 4차 산업혁명은 가장 궁극적인 산업혁명이라서 더 이상의 기술적 진보는 인류의 역사에서 가능하지 않을 것이다.

이런 의미가 타당한지 살펴보기 위해서는 다음 두 가지 측면에서 살펴볼 필요가 있다. 첫째, 산업혁명이란 무엇을 의미하는가? 둘째, 지금까지 몇 번의 산업혁명이 진행되었고(혹은 진행되고 있고), 그 산업혁명의 특징은 무엇인가?

산업혁명이란 무엇인가? 새로운 사회 경제적 현상을 산업혁명이라는 틀로 파악하기 위해서는 두 가지의 기준이 필요하다.

첫째는 기술진보와 그에 따른 생산성의 증가다. 특정의 시기 혹은 기간을 경계로 획기적인 기술진보가 있었는지, 그 기술진보에 따라 실질적인 생산성 증가가 있었는지 판단할 필요가 있다.

두 번째는 사회적 패러다임의 변화다.[72] 사회적 패러다임의 변화는 다시 사회의 일반적인 변화, 기업과 산업의 변화, 개인의 일상적 삶에서의 변화, 이 세 가지로 구분할 수 있다. 이들 개별 변화의 기준에서 살펴보아야 할 것은 다음과 같다.

- 사회의 일반적인 변화: 산업혁명으로 인해 사회 구조와 구성에 뚜렷한 변화가 발생했는지의 여부.
- 기업과 산업의 변화: 산업혁명으로 인해 생산, 유통, 경영방식에 뚜렷한 변화가 발생했는지, 기업과 산업의 구조에 변화가 있었는지, 기업의 경쟁력 구성에 변화가 있었는지의 여부.

- 개인의 일상적 삶: 직업과 삶을 누리는 기본방식에 변화가 있었는지의 여부.

이런 기준이 모든 산업혁명을 이해하고 구분하는 명백한 준거틀은 아니다. 하지만 개략적인 의미에서라도 이런 두 가지 형태의 기준을 충족하면 그것은 새로운 산업혁명으로 보아도 좋지 않을까 생각한다.[25]

네 번의 산업혁명

산업혁명을 이렇게 이해한다면, 인류는 다음 표와 같이 경제사적으로 네 번의 큰 변혁, 즉 산업혁명을 거쳐온 것으로 이해할 수 있다. 주요한 특징은 다음 몇 가지로 정리할 수 있다.

첫째, 네 번의 산업혁명은 크게 산업사회와 디지털사회로 구분될 수 있다. 제1차, 2차 산업혁명은 18세기 이후 현재까지 우리가 산업사회라고 부르는 사회적, 경제적 기반을 만들어 왔다. 이런 산업사회가 성숙되면서, 디지털경제의 시작에 따른 제3차 산업혁명으로 산업사회는 디지털사회로 변모하게 된다.

구분	구분	시기	주요발명	주요특성	시작한 나라
산업사회	제 1차 산업혁명	18세기 말	증기기관 기차	기계화	영국
	제 2차 산업혁명	19세기 ~ 20세기 초	전기 자동차	대량생산 자동화	미국, 독일, 일본
디지털 사회	제3차 산업혁명	20세기 후반	인터넷 스마트폰	디지털화 디지털경제 정보혁명 디 지 털 경 제 2.0의 시작 모바일혁명	미국
	제4차 산업혁명	2015~	인공지능 사물인터넷	융합의 시대	?

〈표〉 경제적으로 본 네 번의 산업혁명

둘째, 제1차 산업혁명은 산업사회의 시작, 제2차 산업혁명은 산업사회의 성숙을 의미하기 때문에 이 두 번의 산업혁명은 일종의 연속선상에서 진행된 것으로 볼 수 있다. 제1차 산업혁명에서 원시적 기계가 개발되었다면, 제2차 산업혁명에서 그 기계가 매우 고도화되어 사회를 깊이 변화시켰기 때문이다. 디지털사회의 시작과 발전이라는 점에서 제3차 산업혁명과 제4차 산업혁명 역시 디지털경제의 연속선상에서 진행된 것으로 볼 수 있다. 제3차 산업혁명의 시기에 IT와 인터넷이 발명되어 디지털경제의 기본 인프라가 구축될 수 있었고, 제4차 산업혁명의 시기에 이를 바탕으로 인공지능과 사물인터넷이 중추로 기능하는 디지털사회가 개화될 수 있었기 때문이다. 처음 두 번은 인류를 산업사회로 이끄는 것이었고, 그다음 두 번은 인류를 디지털사회로 이끄는 것이었다(물론 마지막 네 번째 변혁은 아직 진행 중이다).

마지막 산업혁명?

그런데 이런 산업혁명이 드디어 끝이 난다고? 위에서 살핀 산업혁명을 이해하는 기본적인 준거틀에 따르면, 지금이 마지막 산업혁명이라면, 이제 더 이상의 기술진보와 이에 따른 생산성의 변화를 기대할 수 없고, 또 이에 따른 사회, 기업과 산업, 일상적 삶의 변화를 기대할 수 없다.

과연 그럴까? 그렇지는 않다. 지금의 4차 산업혁명이 꽃처럼 활짝 피어난 뒤에도, 새로운 기술변화와 그에 따른 산업혁명은 여전히 우리를 기다릴 것이다.

그런데 왜 지금이 마지막 산업혁명이 될 수 있다는 말을 하는가?

이런 주장이 의미를 가지는 것은 4차 산업혁명 이후의 산업혁명은 더 이상 '인류(호모사피엔스)'를 대상으로 한 산업혁명이 아닐 가능성이 높기 때문이다. 다시 말해 '인류가 더이상 새로운 기술혁신을 이룰 수 없다는 말이 아니라, 인간을 위한, 인간에 의한, 인간의 산업혁명은 지금 이 단계에서 끝날 가능성이 높다'는 말이다.

무슨 말인가? 인간이 지금의 호모사피엔스가 아닌 새로운 개체 혹은 그 무엇(?)으로 변해버리면 그 이후의 기술혁신은 인간까지 포함한 그 무엇에 의한, 인간까지 포함한 그 무엇을 위한, 인간까지 포함한 그 무엇의 기술혁신으로 이해될 수밖에 없기 때문이다.

호모사피엔스, 호모로보티쿠스

먼 미래의 일이 아니다. 사물인터넷, 3D 프린팅, 빅데이터, 인공지능, 로봇, 그리고 거기에 BT(Biotechnology: 생물공학)와 NT(Nanotechnology: 나노 기술)까지 결합되면 인간은 더이상 호모사피엔스로 부르기 어렵게 될 수 있다. 3D 프린팅을 통해 프린트한 소화기관을 달고, BT, NT 그리고 인공지능의 도움을 받은 신경계가 작동하는 뇌를 가지고, 고장이 난 인체 부위의 어느 하나를 부품 로봇으로 교체한다면, 그리고 그 뇌가 컴퓨터처럼 주변의 사물과 소통할 수 있다면 그런 인간은 더 이상 호모사피엔스라고 부르기 어렵다. 그럴 경우, 인간과 로봇이 기술과 통신으로 결합된 그 무엇이 산업과 문명의 주류로 떠오를 수 있다. 이 인간을 아니 이것(?)을 무엇이라고 불러야 하나? 호모사피엔스? 호모로보티쿠스? 이런 표현이 가능할까?

너무 지나친 추론이라고 할 수 있다. 그렇게 볼 수 있을까?

인공지능의 경우 하나만 예를 들자. 2016년 3월 알파고가 이세돌을 이겼을 때, 인공지능은 먼 미래의 가능성이 아니라 조만간 닥칠 우리의 미래로서 다가왔다. 많은 전문가들은 아직 인공지능이 인류를 위협할 수준

　　　　　　　　　　　다가오는 미래, 축복인가 저주인가

은 되지 못하고, 인간이 충분히 콘트롤할 수 있다고 주장한다. 하지만, 스티브 호킹은 말한다. 인공지능의 발명은 인류의 가장 큰 실책이라고. 그런 인공지능과 로봇, BT와 NT 그리고 3D 프린팅까지 결합하면 무슨 일이 발생할지 아무도 장담하지 못한다. 영화에서만 보던 로보캅이 바로 우리의 이웃이 될 수도 있고, 그 로보캅과의 관계 설정이 앞으로의 과제가 될 수도 있다.

한 번도 경험하지 못한 미래

너무 큰 담론이라고 말할지 모른다. 하지만, 작은 일이 가지는 의미를 제대로 이해하지 못할 경우 그 작은 일이 가져올 엄청난 결과에 효과적으로 대처할 수 없다. 지금 당장 눈 앞에 닥치는 일은 아닐지 모르나, 어쩌면 우리는 예측할 수 없는 미래를 향해 한 걸음씩 다가가고 있을지 모른다. 무슨 말일까? 앞으로도 기술혁신에 기반을 둔 산업혁명은 계속되겠지만, 제5차 산업혁명은 호모사피엔스인 인간을 위한 것이 아니라 호모사피엔스와 호모로보티쿠스를 동시에 겨냥한 혁명이 될 가능성이 있다.

이런 인식은 무슨 의미를 가지는가? 작게는 산업혁명의 대상과 파급 효과에 대한 새로운 인식이 필요하다는 것이고, 크게는 인간이 만든 문명의 성격에 대한 근본적인 성찰이 필요하다는 것이다. 웃어도 좋다. 공상과학 소설의 영역일 수도 있지만, 인간은 싫건 좋건 로봇이 우위에 있는 문명의 가능성까지 생각하지 않을 수 없다.

질문을 한 학생이 마침내 고개를 끄덕인다.

교수님, 그렇다면 지금이
마지막 산업혁명일 수도 있겠네요!

다가오는 미래, 축복인가 저주인가

자율주행차, 누가 마지막에 웃을 것인가?

10년 뒤, 당신은 출근하기 위해서 교통체증에 시달리며 자가용을 직접 운전하지 않아도 좋을 것이다. 자동차가 스스로 알아서 당신의 직장으로 모셔주기 때문이다. 심지어 그렇게 하기 위해 큰 돈을 들여 자동차를 살 필요도 없다. 저렴한 비용으로 이용할 수 있는 공유자동차가 널려있기 때문이다.

궁금하다. 이 때 쯤 누가, 어떤 기업이 이런 변화를 이용해 돈을 벌고 있을까?

BMW, 벤츠, 토요타,

테슬라, 현대 기아.

그럴 수도 있고,

그렇지 않을 수도 있다.

스스로 달리는 자율주행차

자율주행차. 말 그대로 스스로 달리는 자동차다. 당연히 이 자율주행차에는 등급이 있다. 완전한 비자동화를 레벨 0으로 놓으면, 운전자를 보조하는 단계의 자율주행 기술은 레벨 1, 고속도로와 같이 정해진 조건에서 작동하는 부분 자동화는 레벨 2로 이해할 수 있다. 그다음 자동화의 정도가 점점 더 높아져 레벨 5는 완전한 자동화가 이루어지는 것을 말한다. 그러니 5등급의 자율주행차는 목적지만 입력하면 운전자의 도움 없이 스스로 운전하여 목적지에 도착하게 된다.[26]

2022년 현재 이 자율주행차는 어느 단계까지 와 있을까? 자율주행차 개발 기업 혹은 국가에 따라 다양한 편차를 보여 주지만 대개 레벨 4까지는 개발되었고(상용화는 별개 문제), 조만간 레벨 5에 가까운 자동차가 실제 도로를 주행하는 모습을 보게 될 것이다. 낙관적인 견해에 의하면 레벨 5의 자율주행차가 도로를 달리는 모습을 2025년까지는 볼 수 있다고 하지만, 그 정확한 시기는 아무도 알 수 없다. 그러나, 여러 다양한 견해에도 불구하고 완전 자동화를 향한 기술개발은 가속화될 것이고, 자동차의 자율주행은 거스를 수 없는 대세로 자리잡을 것이다.

자율주행에 문제는 없는 것일까?

자율주행차의 보급에 따른 가장 큰 문제는 역설적으로 윤리적인 것이다. 트롤리 딜레마(Trolley Dilemma)라는 말을 들어본 일이 있는가? 트롤리는 바퀴가 달린 손수레 혹은 카트를 의미하고, 트롤리 딜레마는 다수를 위해 소수를 희생할 수 있는지, 그런 상황의 윤리적 판단과 관계된 문제를 의미한다.

다음과 같은 경우를 생각하자. 열차가 선로를 따라 달리고 있는데 그 선로 중간에는 다섯 명의 사람이 일하고 있다. 이 사람들의 목숨을 구하기 위해서는 선로의 방향을 바꾸면 된다. 하지만, 방향을 바꾼 선로에는 두 명의 사람이 일하고 있다. 열차가 선로를 바꾸게 되면 기존의 다섯 명은 살릴 수 있지만, 다른 선로에 있는 두 명은 죽게 된다. 어떤 선택을 해야 하는가?

자율주행차에도 이런 문제가 생길 수 있다. 가장 극단적인 경우를 보자. 자율주행차는 도로를 건너는 5명의 사람을 발견하면 교통사고를 피하기 위해 자동차의 방향을 바꾸어야 한다. 하지만 방향을 바꿀 경우 도로가 아닌 보도에 있는 2명의 사람을 치게 된다. 이 경우 자율주행차는 어떤 선택을 해야 하는가?

이런 선택의 문제는 자율주행 기술 알고리즘의 윤리적 기준과 연결된다. 오랫동안 자율주행 기술을 개발해 온 구글은 이런 딜레마는 발생하지 않을 것이라 한다. 구글은 "자율주행차의 알고리즘은 사고가 발생하지 않도록 막는 것에 있으므로, 알고리즘은 어느 한쪽을 살리라고 코딩되어 있지 않다"고 주장한다. 하지만 설득력이 떨어진다. MIT는 이미 2015년에 이와 비슷한 경우를 가정한 논문을 게재한 바 있고,[27] 최근 테슬라의 오토파일럿 시스템에서 이와 비슷한 사고가 발생했기 때문이다.[28] 이 문제는 조금 더 들어가면 인공지능의 발전과 이에 따른 윤리의식의 조화라는 아주 큰 문제와 연결된다. 하지만, 자율주행차의 발전과 보급은 시대적 대세이기 때문에, 이 문제 역시 다수가 공감하는 형태로 해결될 수 있을 것이다.

여기서 산업과 기업의 발전과 연결되는 정말 중요한 질문 하나를 던지고 싶다.

자율주행차의 최종 승자는 누구일까?

어리석은 질문이라는 비판이 나올 수 있다. 자율주행차의 최종 승자는 자율주행차를 만드는 기업이 될 수밖에 없지 않은가! 쉽게 말하자. 현대 기아 자동차가 자율주행차를 만들어 팔게 되면 현대 기아 자동차가 자율주행차의 최종 승자가 된다.

과연 그럴까? 반드시 그렇지는 않다. 현대 기아 자동차는 완성된 자율주행차를 많이 팔지만, 그 자동차를 팔아 실질적으로 이익을 가져가는 기업은 현대 기아 자동차가 아닐 수 있다.

자율주행차는 많은 기술을 필요로 하지만,[29] 가장 중요한 것은 센서이다. 주변 환경을 인식하고, 위치를 파악하고 제어하는 과정, 그리고 HCI (Human Vehicle Interface: 사람과 자동차의 연결고리)에도 모두 어느 정도의 센서가 필요하다. 그리고 조금 단순화시켜 말하면, 센서의 가장 중요한 부

다가오는 미래, 축복인가 저주인가

분 혹은 부품은 반도체다. 그러니 자율주행차의 개발 초기에 가장 필요한 부품은 반도체다. 특히 자율주행차는 사물인터넷의 성격도 가지므로 고용량, 빠른 속도의 자동차 전장(電裝) 관련 반도체는 매우 중요하다. 그러니 현대 기아 자동차가 이런 반도체의 생산에 관여할 수 없다면, 자동차라는 하드웨어는 만들 수 있을지 모르나, 실질적인 이익은 이런 반도체를 만드는 기업이 다 가져갈 수 있다.

더 단순히 말하자. 자율주행차가 개발될 초기에는 자율주행과 관련된 기술, 빅데이터를 모으는 센서, 자동차의 주행과 관련된 정보를 나타내는 전장 장비들이 각광을 받게 된다. 우선 자율주행차라는 하드웨어가 만들어져야 자율주행이 가능하기 때문이다. 그래서 자율주행차가 세계적으로 충분히 보급될 때까지는 자율주행차와 관계된 하드웨어 업체가 주목을 받게 된다. 앞서 언급한 바와 같이 센서에는 각종의 반도체가 포함되기 때문에 한국의 삼성전자, SK하이닉스가 자율주행차 개발 초기에 각광을 받을 가능성은 충분하다. 하지만, 이런 반도체에 관한 절대적 우위, 혹은 삼성전자가 자랑하는 초격차는 유지하기 매우 어렵다. IT 분야의 기술 발전은 이런 IT 제조업에서의 기술 격차를 빠르게 없애고 있기 때문이다.

컨텐츠와 정보 오락산업의 가능성

그러면 이 경우 누가 자율주행차의 최종 승자가 될까? 이 문제에 답하기 위해서는 자율주행의 본질로 돌아갈 필요가 있다. 5단계의 자율주행에서는 운전자가 운전에 개입할 필요는 없다. 자율주행차가 스스로 목적지를 찾아가기 때문이다. 탑승자가 목적지에 도달하기까지 운전자는(혹은 승객은) 무엇을 할 수 있을까? 그 답은 이렇다. 현재 스마트폰이나 PC를 사용하여 할 수 있는 모든 것. 이 경우 자율주행차는 이동하는 스마트폰 혹은 PC가 된다. 그럴 경우 가장 가능한 예측은 목적지에 도착하기까지 컨텐츠를 소비하는 것이다. 뉴스와 음악은 기본이고 유튜브와 영화 같은 동영상은 이런 컨텐츠의 주종을 차지할 것이다.

그러니 자율주행차가 충분히 보급되면 누가 최종 승자가 될 가능성이 높을까? 결론부터 말하자. 이런 콘텐츠를 제공하는 정보 오락산업 (info-tainment industries)이다. 정말 그럴까? 지금 스마트폰은 대중적으로 보급되어 있지만, 사람들은 스마트폰의 가격을 정가대로 지불하고 있지 않다. 특정 통신사의, 특정 요금대를, 일정 기간, 사용하는 조건으로 초기에 스마트폰을 무상으로 혹은 저렴한 가격으로 얻는다. 이런 현상이 자율주행차에도 발생하지 않을까? 앞으로 10년 혹은 15년 뒤, 자율주행차에 장착된 특정 회사의 정보 오락산업 (info-tainment) 채널을 이용하는 조건으로, 혹은 자율주행차의 기본 인프라인 (5G를 넘어서서) 6G와 관련된 특정 통신사의 서비스를 일정 기간 이용하는 조건으로, 자율주행차를 무상으로 혹은 저렴한 가격으로 사용할 수 있을지 모른다. 이때가 되면 자동차의 하드웨어를 만드는 기술은 이미 보편화되어 있을 것이다. 지금 하드웨어 측면에서 애플과 삼성, 그리고 샤오미의 스마트폰이 그리 큰 차이가 나지 않는 것과 같다.

만약 그렇다면 자율주행차와 관련된 산업의 최종 승자는 자율주행차를 만드는 자동차 회사도 아니고, 자율주행차의 센서에 필요한 반도체를 만드는 회사도 아니고, 컨텐츠를 제공하는 회사일 가능성이 있다. 지금 애플의 아이폰이 하드웨어를 팔아 막대한 수익을 올리지만, 그 하드웨어에 고착된(lock-in) 소비자에게 각종의 컨텐츠와 서비스를 팔아 그에 버금가는 수익을 얻고 있다는 것은 모두 알고 있다. 그런 사실이 자율주행차 산업의 미래에 일어나지 않는다는 보장이 있을까?

자동차 산업은 어떻게 변하는가?

그렇다면 자동차라는 하드웨어를 만드는 현대, 기아 자동차에는 미래는 없는가? 그 답은 변화하는 자동차 산업에 어떻게 대응하느냐에 달려 있다.

자동차 산업은 어떻게 변할까? 결론부터 미리 말하면 자동차 산업은 수송 서비스 공급자(transportation service provider), 혹은 이동 서비스 공급자(mobility service provider)로 바뀌게 된다. 이 말이 의미하는 바는 다음과 같다.

첫째, 자동차 산업은 자동차라는 하드웨어를 만드는 산업이 아니라 수송 서비스, 혹은 이동 서비스라는 서비스 공급업자로 바뀐다. 자동차라는 하드웨어가 생산되지 않는 것은 아니지만, 공유 서비스의 확대, 자율주행차의 확대로 더 이상 자동차를 지금과 같이 소유할 이유는 없다. 그러므로 자동차 산업의 경쟁력은 이 서비스의 품질 혹은 이 서비스에 대한 고객 만족도에 좌우된다.

둘째, 이런 서비스 공급업자가 제공하는 자동차는 인터넷과 연결되어(connected car) 있다. 이런 연결 기능은 한 장소에서 다른 장소로 이동하는 동안, 무선으로 컨텐츠를 제공받는 것을 가능하게 한다. 정보 오락 산업은 바로 이 이동 서비스 공급업자의 인터넷 연결성과 밀접한 관계를 가진다.

하지만, 여기서 하나 더 관심을 가져야 할 사실이 있다. 이런 연결 기능은 자율주행 기능의 성능 향상과 밀접한 관계를 가지는데, 이런 측면에서 미래의 자동차 산업에 또 하나의 승자가 나올 수 있다.

또 하나의 최종 승자, 구독 소프트웨어 제공 회사

셋째, 미래 자동차산업의 핵심은 자율주행이다. 앞서 본 바와 같이 5등급의 자율주행 기술은 단계적으로 발전할 수밖에 없다. 그래서 자동차 업계가 자율주행에 관한 기술을 계속 업그레이드 하는 조건으로 자동차를 팔 수 있다. 소비자의 입장에서도 자율주행 기술을 지속적으로 업그레이드 받는 것이 더 안전하다. 그러니 앞으로는 판매시점에서 가장 발전된 자율주행 기술을 장착한 자동차를 팔되, 그 기술이 발전할 때마다 자율주행 소프트웨어를 업그레이드 받는 것이 바람직하다.

이 업그레이드는 무료로 제공될 수 있을까? 지금 일반 자동차에 부착된 네비게이션은 특정한 조건 하에서는 무료로 업그레이드 된다. 심지어는 스마트폰의 OS도 추가 비용 없이 WIFI를 이용하여 업그레이드 할 수 있다. 이런 업그레이드에는 그다지 큰 비용이 들지 않기 때문이다. 하지만, 자율주행 기술의 업그레이드는 이렇게 무상으로 진행되기 어렵다. 자율주행 한 등급, 예를 들어 4등급에서 5등급으로 발전시키기 위해서도 매우 큰 투자가 필요하기 때문이다. 또, 같은 등급 내에서도 기술의 발전에 따라 운전자가 체감하는 자율주행의 여건은 다를 수 있고, 그런 기술 발전에도 막대한 비용이 들기 때문이다. 앞서 잠시 언급한 트롤리 딜레마도 이런 업그레이드 대상이 될 수 있다.

자동차의 미래를 만들어가고 있다는 테슬라는 이런 변화를 잘 읽고 있다. 2020년 7월 테슬라는 완전자율주행(FSD: Full Self Driving) 이라는 옵션 요금을 7,000달러에서 8,000달러로 한꺼번에 올렸다. 모델3의 기본 가격이 3만 7,990달러니 FSD라는 소프트웨어 가격은 차 값의 20%를 넘는다.[30] 이런 FSD에도 문제가 있다. 미국 국립 도로교통안전국이 테슬라의 자율주행 시스템이 정말 안전한 것인지 공식 조사에 들어갔기 때문이다. 사실 지금의 FSD는 앞서 제시한 자율주행 2단계에 불과하다. 이런 점을 감안하여 테슬라는 2021년 7월 경 월 199달러에 FSD 기능을 구독할 수 있는 서비스를 출시하였다. 기술 발전에 따른 수익의 차별화 전략이다.

이제 결론을 내릴 때다.

자율주행 업그레이드는 그 기술개발에 많은 비용이 들고, 운전자의 안전과 직결되기 때문에 어느 정도 유료로 제공될 수밖에 없다. 그렇다면 자율주행과 관련된 소프트웨어의 지속적인 업그레이드를 제공하는 회사, 혹은 자율주행 소프트웨어의 정기적인 구독 서비스를 제공하는 회사가, 자율주행차 시대의 최종 승자가 될 가능성이 매우 높다.

이제 정말 정신을 차릴 때가 아닌가?

콘텐츠를 제공하는 정보 오락산업, 자율주행 소프트웨어 구독 서비스 제공 회사. 이는 어떤 형태로든 각광을 받을 수밖에 없는 미래 유망 분야이다.

여기서 정신이 번쩍 들지 않는가? 이런 분야는 대한민국의 기업과 산업이 상대적으로 경쟁력을 가지고 비교우위를 가지고 있는 분야가 아니다. 과거에도 그랬지만, 지금도 그러하고 미래에도 그럴 가능성이 높다. 우리는 그저 하드웨어에 올인하고 있다. 소프트웨어의 중요성을 모르는 바 아니지만, 단기적인 성과를 위해서 그저 하드웨어에, 그저 초격차라는 말에 목숨을 걸 따름이다.

오징어 게임, 지옥, 방탄소년단, 블랙핑크, 기생충, 미나리. 2022년 현재 드라마, 영화, 음악 등 한국 컨텐츠의 부상은 눈부시다. 정말 바란다. 누군가 앞서 나와, 이런 컨텐츠를 지속적으로 만드는 시스템을 재정비하고 이를 잘 요리하여 30~40년간 한국이 정보 오락산업의 세계적 선두를 유지할 수는 없겠는가?

다가오는 미래, 축복인가 저주인가

한전 부지와 같은 부동산에 투자하던 현대가 정신을 차려 현대오토 에버 같은 소프트웨어에 눈을 돌리고 있다. 자동차의 연결성을 눈치채고 지도와 전자제어 소프트웨어 등에 투자를 하고 있다. 한 때의 흐름이 아니길 바란다.

재주는 곰이 부리고 돈은 엉뚱한 놈이 벌어 들인다.
이런 어리석은 혹은 실망스러운 말을 10년 뒤에는 듣지 말아야 하지 않겠는가?

구글은 망하지 않을 것인가?

구글이 망한다?

이런 말을 하면 한 동안 비난이나 악플에 시달릴 수 있다.

서학개미는 '에이~' 하거나 '말도 안돼'라고 말할 수도 있다.

하지만, 하지만 말이다.

전혀 불가능할까? 구글이 망할 수도 있지 않을까?

불과 25년 전에 만들어진 구글

1996년 1월 래리 페이지와 세르게이 브린이라는 두 스탠퍼드 대학원 학생은 "백럽(BackRup)"이라는 새로운 검색엔진을 개발했다. 두 사람은 이를 기반으로 거의 100만 달러에 달하는 투자금을 유치하였고, 그 뒤 1998년 9월 캘리포니아 먼로파크의 한 사무실에서 현재 구글이라고 불려지는 회사를 만들었다.

그로부터 불과 25년이 흘렀다. 하지만 지금 전 세계에서 구글을 모르는 사람을 찾아볼 수 있을까? 한 번도 사용하지 않았으면 모를까, 구글을 한 번만 사용한 사람은 아무도 없을 것이다. 하지만, 누구도 지금 구글을 검색엔진에 특화된 기업으로 생각하지 않는다. 2015년 8월 구글은 구글 알파벳이라는 지주회사를 출범시켜, 검색 이외의 분야인 인공지능, 자율주행차 등 제4차 산업혁명의 중심 분야에서도 맹위를 떨치고 있다. 사람으로 치면 이제 겨우 청년기에 접어든 구글이 이렇게 성공할 수 있었던 이유는 무엇일까?

구글은 어떻게 성공할 수 있었나

다들 알고 있다. 구글이 성공할 수 있었던 가장 큰 이유는 다른 검색엔진들이 따라올 수 없었던 엄청난 검색 경쟁력 때문이다. 구글의 페이지 랭크 기술, 기존의 포털과는 다른 다양한 양질의 컨텐츠 확보, 그리고 무엇보다 타의 추종을 불허하는 빠른 검색 속도는 검색 분야에서 구글의 독보적 지위를 가능하게 했다.

2001년 당시만 해도 검색은 돈이 되지 않는 사업이었다. 구글의 투자자들은 페이지와 브린에게, 수익 창출을 위해, 배너광고를 하도록 종용했다. 페이지와 브린은 광고를 악(evil)이라고 생각하고 이를 거부했다. 결국 광고를 하기로 했지만 배너광고는 하지 않았고, 애드워즈와 애드센스라는 구글 특유의 광고 방식을 통해 악해지지 않으면서도 (소비자를 괴롭히지 않으면서도) 수익을 내는 광고를 할 수 있었다.

하지만, 구글의 가장 큰 성장 원동력 중 하나는 끝없는 인수 합병이다. 2005년 7월에 인수한 안드로이드, 2006년 10월에 인수한 유튜브는 지금의 구글을 가능하게 한 가장 성공적인 인수 합병이었다. 안드로이드는 구글의 iOS와 함께 스마트폰 시장의 OS를 양분하고 있다. 그래서 '신의 한 수'로 불려진다. 플랫폼을 장악했다. 댓가는 단순하다. 구글을 스마트폰의 검색엔진으로 사용하고, 구글의 플레이 스토어라는 장터를 통해 앱을 거래하기만 하면 된다. 유튜브는 어떤가? 검색이라는 구글의 기본적인 업무는 이제 온라인보다는 유튜브를 통해 더 자주, 더 편하게 이루어지고 있다. 소비자들은 텍스트로 된 검색 결과보다 동영상으로 된 화면을 더 선호한다. 2014년에 '딥마인드 테크놀로지'를 인수한 것은 어떤가? 구글 딥마인드로 이름을 바꾼 이 회사는 2016년 3월 이세돌을 4승 1패로 물리친 알파고라는 인공지능을 개발했다. 자율주행차 개발에 구글에 앞장서 왔다는 것은 구태여 언급할 필요도 없다.

변신의 귀재, 구글

구글은 검색 분야에 만족하지 않고 지속적인 혁신을 통해 역사상 가장 빠르게 성장한 기업이 될 수 있었다. 구글의 이런 혁신을 가능하게 한 원칙 중의 하나는 근무 시간의 20%를 회사 업무가 아닌 "딴 짓"에 쓰도록 한 것이다. 초기의 벤처기업다운 특성이라고 가볍게 여길 수 있지만, 직원이 근무 시간에 엉뚱한 짓을 하도록 허용한 것은 보통의 발상이 아니다. 이런 딴 짓에 의해 개발된 것 중의 하나가 지금 세계 많은 사람들이 사용하고 있는 지메일(gmail)이다. 악해지지 마라(Don't be evil)로 대표되는 구글의 사내 문화도 이런 혁신을 가능하게 한 원동력이다.

2011년 구글의 CEO로 복귀한 래리 페이지는 구글은 '모든 사람이 최소한 하루에 2번 이상 사용하는 칫솔 같은(toothbrush test)' 서비스를 개발해야 한다고 천명했다. 칫솔 같은 제품과 서비스. 그러면 이것을 가능하게 하는 기술은? 구글은 이것을 Moonshot thinking(달에 사람을 보낸다는 것과 같은 엉뚱하고 기발한 착상)이라고 불렀다. Google X 라는 프로젝트가 이 정신을 반영한다. 이 두 원칙 하에서 어떤 제품이 개발되고 있는가? 가장 대표적인 것이 무인 자동차, 무인항공기 드론, 구글 글래스, 그리고 로봇이다.

구글의 미래

구글의 최근 인수합병과 기술개발 움직임을 볼 때 가장 설득력 있는 미래 구글의 모습은 로봇회사이자 인공지능 검색회사이다. 구글 로봇은 개인 주변을 끝없이 배회하며 말로 하는 명령을 듣고 집안의 가전제품을 조정하고, 건강을 체크하고, 청소와 같은 일상적인 행동을 해 나간다. 무인자동차와 무인항공기 드론도 일종의 로봇이다. 그리고 로봇과 같은 하드웨어를 팔면서 그것들이 작동될 수 있는, 사람과 로봇이 정보를 주고받으면서 소통하는, 플랫폼에 깊은 관심을 가지고 있다.

구글은 검색에서도 또 한 번의 변신을 꿈꾸고 있다. 지금까지의 검색이 사용자가 인터넷을 통해 정보로 다가가는 형태라면, 구글이 꿈꾸는 검색엔진은 사용자가 필요성을 느끼기 전에 정보가 먼저 사용자에게 다가가는 형태다. 뭘까? 그렇다. 인공지능이다. 구글은 인공지능을 통해 로봇이라는 시장에서의 우위를 점하려고 하면서, 동시에 그것을 검색에 적용하여 사용자가 검색하는 방법을 근본적으로 바꾸려고 한다. 스스로의 특징을 부정하면서 재창조한다.

구글은 망하지 않을 것인가 1: 경제사적 통찰력

이런 구글이 망할 수 있다고 한다면 어떻게 생각해야 할까? 아니 그런 가능성이 있을까? 지금 가장 정상을 달리고 있는 IT기업에 이런 비판적인 견해를 제기하는 것은 시기심의 발로라는 비판이 나올 수도 있다. 하지만 그럴 수 있다고, 구글도 망할 수 있다고 생각한다. 이제 그 이유를 살펴보자.

첫째, 경제사적 통찰력이다. 세상 모든 것은 흥망성쇠를 거듭하고, 기업 역시 흥망성쇠를 거듭하는데 구글이라고 이 법칙의 예외가 될 수 없다. 노키아와 코닥이 각각 피처폰과 필름 카메라 시장의 정상에 있을 때 그 누구도 이 두 기업이 시장에서 사라질 것이라고 예측하지 못했다. 하지만, 이 두 기업은 지금 시장에 존재하지 않는다. 구글 역시 언젠가는 시장에서 사라질 것이다. 하지만 그 시기와 그렇게 되는 이유를 정확히 말하기 어려울 뿐이다. 다만 유추할 뿐이다.

둘째, 구글 역시 쇠퇴의 길로 접어든다면 그 역시 외부 환경의 변화보다는 내부의 변화에 기인한 바가 클 것이다. 구글이 하나의 벤처기업으로 창업의 길을 내달릴 때 그들이 내건 구호는 '악해지지 말라(Don't be evil)'는 것이었다. 이 구호는 당시의 마이크로소프트를 향한 것이었다. 당시 마이크로소프트는 자신의 독점적 지위를 강화하기 위하여 시장에서 유망한 벤처기업을 인수 합병하고 있었고, 구글은 스스로 독립된 기업으로 성장하기도 전에 마이크로소프트에 적대적 인수를 당하지 않을까 하는 두려움을 가지고 있었다. 그래서 이 마이크로소프트의 움직임을 일종의 사악한 행동으로 생각했던 것이다.

미워하면서 닮아가는 것인가? 그런 구글이 이제 스스로 시장에서 독점적 지위를 유지하기 위해 과거의 마이크로소프트와 같은 행동을 하고 있다. 최소한 그런 의심을 받고 있다. 앞서 구글의 성장 원동력은 지속적인 인수 합병임을 설명했다. 구글은 지금 과거와는 비교할 수 없는 독점적 지위를 가지고 있다. 그래서 구글이 지속적인 성장을 위해 인수 합병을 시도할 경우, 과거와는 달리, 시장에서의 독점적 지위를 유지하고 경쟁을 저해하는 행동이라고 비판받을 수 있다. 인터넷과 IT의 속성에 기인한 승자독점의 원칙(The winner takes all)은 힘이 세다. 먼저 시장에 발을 들이면 소비자의 이목을 끌고, 그 제품 혹은 서비스는 표준의 지위를 획득해,

자연히 독점으로 이어질 가능성이 높다.

지금 세계적인 독점력을 자랑하는 구글은 그 독점이라는 작용의 반작용이라는 측면에서 기업이 분할되거나 혹은 쇠퇴하는 과정을 겪을 수도 있다. 미국의 공정거래위원회(FTC: Fair Trade Commission)는 최근 IT기업의 시장 독점에 대해 과거와는 다른 견해를 가지고[31], 이들 기업의 독점을 규제하고 경쟁을 촉진하려고 노력하고 있다. 페이스북에 대한 일련의 반독점 소송은 가장 대표적인 예이다. 이런 규제의 화살이 구글을 피해갈 것이라고 생각하는가?

구글은 망하지 않을 것인가 2: 사업 모델

셋째, 구글의 사업 모델 때문에 구글 역시 쇠퇴의 길을 걸을 수 있다. 구글을 이용한 검색엔진에 세계의 모든 사람이 열광할 때, 그 열광한 이유 중의 하나는 수수료나 기타 경제적 대가를 지불하지 않고 이 검색엔진을 사용할 수 있었다는 것이다. 하지만, 검색은 공짜일까? 그렇지 않다. 공짜라고 생각하는 것은 하나의 착각에 불과하다. 검색하면서 구글에 알지 못하게 제공하는 자신의 개인정보, 자신의 취향이 바로 검색을 사용하면서 지불하는 대가다. 처음에는 이 대가가 그다지 중요하지 않았다. 까짓, 이름 하나 알려지면 어때! 하지만, 구글이 축적하는 개인정보의 양이 증가할수록 이 개인정보는 빅데이터가 되어, 새로운 산업, 새로운 사업의 원천이 되어갔다. 그리고 어느 날, 눈을 뜨고 보니 자신도 모르는 사이에 구글이 세상에서 자기를 가장 잘 아는 기계 혹은 그 무엇이 되어 있었다. 자율권이 상실된 것이다.

　이것은 단지 개인정보 보호 문제라는 관점에서 볼 수 있으나, 사실 이것은 이런 관점을 뛰어넘어 제4차 산업혁명기의 새로운 산업의 성장과 발전을 위한 전제조건이 되었다. 조금 단순화시켜 말한다면 제4차 산업혁명기의 새로운 기업이나 비즈니스 모델은 내 개인정보를 모아 사업을 하는 것이다. 개인정보에 대한 인식이 코페르니쿠스적 전환을 거쳐 그 수집, 활용, 매매에 엄격한 규제가 내려진다면 구글은 심각한 위기에 직면할 수 있다. 빅데이터의 중요성 때문에 정부가 개인정보 수집을 규제한다는 것이 쉬운 일이 아니지만, 개인정보 활용에 대한 역작용이 발생한다면 결코 불가능한 시나리오는 아니다(자세한 것은 1부를 참고).

　넷째, 구글의 미래를 어둡게 예측하게 되는 가장 중요한 이유는 구글이 자리잡고 있는 인터넷의 특성 때문이다. 익히 알고 있듯이 인터넷은 개방성을 기초로 하고 있다. 아무런 차별 없이 누구나 인터넷에 접속할 수 있고, 멀리 떨어진 개인이나 기업에 자유롭게 정보와 지식을 보낼 수 있고, 시간과 공간을 넘어 소통할 수 있다. 인터넷의 이런 개방성이 계속하여 유지된다면 구글의 미래는 어둡지 않을 것이다. 하지만, 인터넷을 통해 금융거래가 이루어지면서, 그것도 초기와 같이 단순한 송금과 예금 확인 같은 종류가 아니라, 대규모의 프로젝트, 혹은 한 기업이나 산업의 미래를 좌우할 정도의 금융거래가 이루어진다면 전혀 다른 이야기가 전개될 수 있다.

지금 무슨 이야기를 하는 것일까? 그렇다 보안 이야기다. 온라인 상에서 이루어지는 모든 금융거래가 그 거래의 안전성, 확실성을 보장하지 않으면 지금 우리가 알고 있는 온라인 금융거래는 사라진다. 금융기관과 IT기업이 수많은 자원을 투입하여 보안 문제에 대처하고 있지만 100% 안전한 보안은 있을 수 없다. 창과 방패의 우화를 들지 않더라도 완벽하게 안전한 보안은 존재하지 않는다.

제4차 산업혁명으로 인해 인터넷의 기능이 개방성을 넘어 보안을 강조하는 지점을 넘어서게 되면, 개방성을 기본으로 발전해온 구글에는 비상이 걸리게 된다. 너무 성급한 결론일지 모르나, 개방성과는 다른 특성을 가진 인터넷망이 필요하고 그 인터넷망을 개발하는데 성공하지 못한다면 구글의 미래는 밝지 않을 수 있다.

개방성과는 다른 특성을 가진 인터넷망이 있을 수 있을까? 우리는 여기에서 비트코인과 같은 암호화폐를 가능하게 한 블록체인을 떠 올릴 수밖에 없다. 블록체인 기술이 더 발전하여 새로운 인터넷망으로 연결된다면 제4차 산업혁명기 기업과 산업의 변화는 더 어지러울지 모른다.

구글이 망할 수도 있다고?

상상력도 참?

사람은 죽을 수밖에 없고, 우리가 살고 있는 지구도 언젠가 빙하기로 다시 돌아갈 수도 있는데, 구글이 망하지 않는다고?

상상력도······.

애플을 어떻게 이해해야 하나?

반쯤 베어먹은 사과.

도대체 이 사과가 뭐길래 우리와 세계를 울고 웃게 만드나?

스티브 잡스, 당신은 도대체 어떤 사람이오?

그리고 애플은 도대체 어떤 기업이란 말인가?

스티브 잡스가 만든 애플의 시가총액이 2조 달러를 넘어선 뒤 (2020년 8월 21일), 2021년 8월 31일에는 2조 5000억 달러를 돌파했다. 주가 (株價)야 시장을 따라 변동하지만, 이 글을 쓰는 지금도[32] 애플의 시가 총액은 2조 4600억 달러에 달하고 있다(2022년 1월, 애플의 시가총액은 3조 달러를 돌파했다).

2조 달러, 2조 5천억 달러라면 어느 정도의 금액일까? 통계자료가 가능한 2020년 OECD와 주요 국가의 GDP와 비교를 하자. 애플의 시가총액은 세계 GDP 순위 8위의 브라질을 능가하고 스페인과 네덜란드의 GDP를 합쳐야 겨우 애플의 시가총액을 따라잡을 수 있다. 한국은 어떠냐고? 한국은 2020년 8월 기준 1조 5512억 달러로[33]서 역시 애플의 시가총액을 따라잡지 못하고 있다. 그러니 삼성전자 (3262억 달러)는 말할 것도 없다. 2021년 8월을 기준으로 하면 애플의 규모는 가히 미루어 짐작이 가능하다.[34]

도대체
이런 애플을 어떻게 이해해야 하나?

애플은 괴물인가?[35]

위대한 기업. 아직도 활동을 계속하고 있는 기업에게 이런 찬사를 보내는 것은 민망하다. 애플은 5개 품목(아이폰, 아이패드, 아이팟, 맥, 맥북) 만을 만들어 팔면서도 그 어느 기업보다 뛰어난 실적을 기록하고 있다. 그렇지만 이런 실적만으론 위대한 기업의 반열에 이르지 못한다. 애플의 제품들은 한 시대의 문화적 아이콘으로 등장하면서 디지털경제의 모습을 모바일(mobile) 경제로 바꾸어 놓았다. 주지하는 바와 같이, 스마트폰은 아직도 아이폰 이전과 아이폰 이후로 나뉜다. 그래서 아직까지는(여기에 방점을 찍어야 한다) 위대한 기업으로 불러도 좋다. 애플은 도대체 어떻게 성공가도를 달릴 수 있었던 것일까?

애플의 성공요건: 인문학적 관점

애플의 성공요인을 분석하는 글은 너무 많다. 하지만, 그 모든 분석의 핵심에는 시장분석에 기반을 둔 전통적인 마케팅보다는, '사람'과 '사람의 경험'이 자리잡고 있다. 가령, 소비자에게 어떤 마차(馬車)를 원하냐고 물으면 '좀 더 빠르고 안락한 마차'를 원한다고 답한다. 이런 답변을 염두에 둔다면 좀 더 좋은 마차를 만들 수 있지만, 자동차라는 전혀 새로운 제품을 만들지는 못한다.

애플은 사람이 무의식적으로 무엇을 원하는지, 그리고 그 무엇을 어떤 방법으로 사용하면 좋을지 고심을 거듭했다. 피처폰이 아닌 아이폰, 그것도 한 손에 움켜질 수 있는 아이폰. 웹 북이 아닌 아이패드, 그것도 누워서 보기에 무겁지 않은 아이패드. 그런 것을 만들어 내는 것, 그게 애플의 DNA이다. 사용자 경험까지 고려하니 마니아가 없을 수 없다.

스티브 잡스의 다음과 같은 말은 이런 원칙을 분명히 드러낸다.

"기술만으로는 충분하지 않다는 그런 인식이 애플의 DNA에는 있다. 애플의 기술이 인문학과 결혼했다는 것, 그것은 우리들의 가슴을 노래 부르게 만든다."

그런 점에서 애플의 성공은 스티브 잡스의 성공이다. 1997년, 쫓겨난 회사로 되돌아온 잡스가 10년 동안 가장 공을 들인 것은 애플의 성격

다가오는 미래, 축복인가 저주인가

을 재규정하는 것이었다.

잡스는 애플의 제품을 컴퓨터 잡지가 아닌 패션잡지에 광고하기 시작했다. 애플을 소프트한 문화기업으로 설정한 것이다. 잡스가 내세운 '다르게 생각하라(Think Different)' '궁극적인 올인원 디자인(The ultimate all-in-one design)'은 그 지향점이 무엇인가를 잘 보여준다. 또 있다. 아이팟의 광고 문구는 '인생은 알 수 없는 것(Life is random)'이다. 그러니 음악으로 인생을 즐기라는 것이다. 누가 이런 상상을 할 수 있는가? 아이팟은 그래서 디지털시대의 문화적 아이콘이라는 찬사를 받기에 이른다: '나는 아이팟을 한다. 고로 나는 존재한다(Ipod, therefore I am)'.

잡스는 이런 일련의 변신 끝에 2007년 애플의 명칭을 애플 컴퓨터에서 Apple Inc.(주식회사 애플)로 변경하고, 그 4년 뒤, 이런 DNA를 애플에 남긴 채 영원의 잠에 든다. 잡스가 남긴 인문학적인 토양, 인간과 인간의 행동에 대한 깊은 이해, 디자인과 문화에 대한 자양분, 그래서 이것에 바탕을 둔 혁신을 거듭하는 한 애플의 미래는 어둡지 않다. 그런데~.

애플의 성공요건: 디지털경제의 관점

애플을 대표하는 아이폰은 폐쇄적 생태계로 유명하다. 아이폰에 사용되는 iOS는 갤럭시와 같은 안드로이드 폰에서는 사용되지 않는다. 소프트웨어와 같은 앱(application)도 안드로이드에서 사용되는 것은 역시 iOS에는 사용되지 않는다. 오직 아이폰 만이 아이튠즈를 통해 음악과 같은 컨텐츠를 살 수 있다. iOS, iTunes, app, 컨텐츠로 이어지는 폐쇄된 생태계, 이것은 양날의 칼이다.

긍정적으로 볼 경우 이것은 소비자의 고착(lock-in)을 유발한다. 아이폰에서 갤럭시로 바꾸기는 귀찮고 지금 아이폰이 상당히 좋으니 계속 아이폰을 사용하고 이것은 다시 아이패드, 맥, 맥북의 구매로 이어진다. 고착현상이 이같은 긍정적 피드백(positive feedback: 선순환 현상)으로 이어지면 소비자는 애플 이외의 제품에 관심을 둘 이유가 없다. 애플 제품에 대한 마니아가 많은 것은 이 때문이다. 그래서 애플은 최소한 세계 시장의 30% 정도(미국은 40%를 넘는다)의 흔들리지 않는 점유율을 유지한다.

바로 이게 약점이 될 수 있다. 디지털경제의 역사를 돌이켜 볼 때 폐쇄적 생태계가 개방적 생태계를 이긴 적이 없다. 기술로 앞선 소니의 베타방식 비디오플레이어가 마쓰시타의 VHS(Video Home System: 카세트를 이용해 동영상을 기록하고 재생할 수 있도록 만들어진 표준 규격)에 진 것이 가장 대표적이다. 그래서 폐쇄적 방식을 고집하는 한 성장에는 한계가 있을 수 있다. 물론 반론도 있다. 사물인터넷이 발전할수록 보안과 개인정보의 보호는 심각한 문제로 대두되는데 폐쇄적 생태계가 이 문제에 가장 효율적으로 대처할 수 있다는 것이다.

시장점유율을 늘리기는 어렵지만
보안과 정보보호는 탁월하다.
이 두 관계, 정말 복잡한 문제다.

다가오는 미래, 축복인가 저주인가

애플의 성공요건: 효과적인 글로벌 공급망

Designed by Apple in California, assembled in China!

아이폰 뒷면을 보면 아이폰이 어디에서 어떻게 만들어졌는지를 확인할 수 있다. 캘리포니아에 있는 애플에서 디자인을 하고 중국(폭스콘)에서 조립을 한 것이다. 아이패드의 경우에는 'assembled in China' 대신 'assembled in Mexico'가 새겨져 있다. 애플 와치의 경우에는 여기에 한술을 더 떠 'Hermes in Paris'를 자랑한다.

삼성전자와 달리 애플은 스스로 아이폰을 생산하지 않는다. 혁신적인 디자인으로 유명한 애플은 소프트웨어와 디자인에만 치중하고, 하드웨어는 전 세계로부터 가장 저렴한 가격으로 사들여 중국 (혹은 멕시코)에서 조립한다. 예컨대, 디스플레이는 삼성 혹은 LG로부터 사들이고, 이미지 센서는 소니, 배터리는 한국과 중국, 반도체는 퀄컴, 삼성, 인텔 등에서 구입한다. 모든 부품을 가장 저렴하고 성능이 좋은 것으로 구매한다. 아이폰의 판매량이 막대하기 때문에 스스로 하드웨어를 생산하지 않으면서도, 부품 공급업체에 대해 갑(甲)으로서의 압도적 지위를 자랑한다. 스티브 잡스를 이은 팀 쿡이 구축한 것이 바로 이런 글로벌 공급망이다. 아이폰의 세계 시장 점유율이 삼성전자와 화웨이(혹은 샤오미)에 이어 3위에 불과하면서도 전 세계 아이폰 판매를 통한 수익의 거의 90% 이상을 가져가는 것도 바로 이 글로벌 공급망에 기인한 것이다.

문제가 없는 것은 아니다. 조립을 하는 폭스콘 역시 이익을 남겨야 하기 때문에, 자신의 공장에서 근로하는 근로자들의 임금을 높게 지불할 수 없다. 그 결과 애플의 아이폰은 근로자의 임금을 착취한다는 비판을 받기도 한다. 문제는 또 있다. 코로나 판데믹으로 공급망의 일부가 부정적 영향을 받을 경우, 아이폰과 맥의 생산은 치명적 영향을 받을 수도 있다.

애플을 어떻게 이해할 것인가?

이같은 애플의 성공은 애플이 단순히 한 (위대한) 기업이 아니라, 이 시대를 대표하는 특성을 가지고 있음을 시사한다.

먼저, 애플은 가시적인 제품을 만드는 제조회사가 아니라, 감성과 디자인을 파는 서비스 회사다. 스티브 잡스가 애플 컴퓨터를 Apple Inc. (주식회사 애플)로 바꾼 이래 일관되게 유지해온 전략이다. 애플은 자신의 제품을 컴퓨터 잡지 대신 예술과 문화 잡지에 광고한다.

다음, 애플은 하이테크에 하이터치를 더한 디자인 감성 회사이다. 단순하게 디자인 만을 강조하는 것이 아니라, 사용자 경험까지 고려하고, 제품의 앞면 뿐아니라 옆면과 뒷면까지 고려하여 디자인한다. 애플빠라는 말은, 그래서, 비하하는 말이 아니라 칭찬하는 말이 되었다. 디자인과 감성을 결합하여 새로운 경험을 만들어 낸 것이다.

애플은 소비자의 고착 현상을 이용해 하나의 생태계를 만들었다. 승자독식이라는 디지털경제의 특징을 정확히 파악하고, iOS, 맥, 아이폰,

아이패드, 맥북, 애플 와치라는 나름의 생태계를 만들어 소비자가 그것을 벗어나지 못하게 만들었다. 고착 현상은 누구나 시도할 수 있지만, 아무나 성공하지 못한다. 애플은 디자인, 감성, 서비스를 합하여 이런 고착 현상을 성공시켰다.

애플은 또 구독경제의 문을 열었다. 아이튠스라는 공간을 시작으로 자신의 앱 장터를 만들어 단순히 하드웨어를 판매하여 얻는 이익에 의존하지 않고, 구독을 통한 수수료도 큰 이익이 될 수 있음을 스스로 증명해 보였다.

이런 특징들은 지금 진행되고 있는 4차 산업혁명 시대 초기의 시장이 어떠한 특성을 가지고 있는가를 정확히 파악한 결과이다. 그래서 아직, 애플은 애플이다.

미래는 과거와 다르다

지금까지는 이런 애플의 전략은 분명히 성과를 발휘해 왔다. 이런 노력들이 모여 시가총액 3조 달러라는 형태로 나타난 것이다. 하지만 과거와 현재는 미래를 담보하지 못한다. 4차 산업혁명 시대의 급격한 변화에 적응하지 못할 경우 애플 역시 도태의 위기에 처할 수 있다.

가장 중요한 것은 아이폰으로 대표되는 제1차 이동성의 시대(the age of the first mobility)가 가고 있다는 것이다. 아이폰과 같은 스마트폰이 사라지는 것은 아니지만, 아이폰 대신 새로운 이동성의 도구가 떠 오르고 있다. 그것은 2부 3장에서 언급한 자율주행차다. 자율주행차는 달리는 컴퓨터, 혹은 바퀴달린 아이패드로 인식되고 있으며, 스마트폰은 이 자율주행차와 연계되는 보조 기기로 전락할 수도 있다. 자율주행차가 제2차 이동성의 시대(the age of the second mobility)를 대표하는 상품이 되고 있다. 주지하는 바와 같이, 2차 이동성의 시대는 테슬라가 선두를 달리고 있다. 테슬라가 제2의 애플이라고 불려지고, 애플이 자율주행차 시장에 진입을 모색하고 있는 것도 바로 이런 흐름을 대변한다.

미래 시장에서도 애플은 성공할까?

애플이 (전기배터리를 장착한) 자율주행차 시장에 무사히 안착하면 지금의 영광을 이어나갈 수도 있다. 하지만, 애플은 결코 스스로 자동차나 배터리를 만드는 공장을 세우지 않을 것이고, 한국의 기아나 현대, 혹은 일본의 자동차 업체와 제휴를 모색할 것이다. 테슬라의 기가팩토리 전략을 고려할 때 애플의 이같은 전략은 좋은 평가를 받기 어렵다. 테슬라를 능가하는 자율주행기술, 디자인, 배터리 성능이 보장되지 않으면 애플은 테슬라를 뛰어넘지 못한다. 기아나 현대, 일본의 자동차 업체 역시 바보가 아니다. 폭스콘과 같은 애플의 하청업체를 자처할 아무런 이유가 없다.

또 다른 위협은 넷플릭스, 디즈니로 대표되는 스트리밍 컨텐츠 업체의 부상이다. 애플 역시 과거 애플 TV와 같은 형태로 이런 컨텐츠 업체로의 변화를 모색하지 않는 것은 아니지만, 이런 산업에서는 신규 진입자에

다가오는 미래, 축복인가 저주인가

불과하다. 오징어 게임으로 대표되는 새로운 컨텐츠 확보 능력이 확보되지 않는다면, 애플은 그저 수많은 컨텐츠 제공업자의 하나에 불과할 수도 있다.

부자가 망해도 십 년은 간다.

이런 어려운 시장 환경에도 불구하고 한동안 애플의 기세가 이어질 것이라고 기대할 수 있다. 하지만, 위대한 기업도 그저 한 때에 그치기도 한다. 애플 역시 미래에는 단지 아이폰을 팔아 주주에게 배당을 잘 주는 좋은 기업에 그칠 수도 있다.

아무도 예측하지 못한다.

가장 정점에 있을 때 그 정점마저 버릴 준비를 하지 못한다면 그 정점은 사실 정점이 아니다.

삼성전자, 살아남을 수 있을까?

1993년 삼성의 이건희 회장은 프랑크푸르트에서 개최된 사장된 회의에서 다음과 같이 말했다. "내가 양(量)이 아닌 질(質) 경영을 그렇게 강조했는데 이게 그 결과입니까? 마누라와 자식 빼고 다 바꿔야 됩니다." 삼성의 환골탈태를 이야기할 때 누구나 이야기하는 소위 프랑크푸루트 선언이다.

그 결과는 누구나 안다.

프랑크푸르트 선언 이후 28년

삼성전자만 볼 경우 국내 부동의 1위 기업, 세계적인 혁신기업, 세계 스마트폰 시장점유율 1위 기업이다. 조금만 더 나아가 보자.

2021년에는 2020년의 6위에서 한 단계 더 상승한 글로벌 브랜드

5위의 기업으로 평가받았다. 글로벌 브랜드 컨설팅 그룹 인터브랜드는 2021년 10월, 글로벌 100대 브랜드에서 삼성전자의 가치를 746억 달러로 평가하면서 애플, 아마존, 마이크로소프트, 구글에 이어 5위로 놓고 있다. 인터브랜드는 삼성전자 브랜드 가치 상승 요인으로 1) 고객중심 경영체제 개편, 2) 지속가능 경영활동, 3) 갤럭시Z플립 등 혁신제품 출시, 4) 메모리 시장 1위 업체로서의 기술력, 4) 인공지능, 5G, 로봇 등에 대한 투자를 꼽았다.[36]

조금 자랑할 만하다. 하지만, 바로 지금 이 자리에서 멈추어야 한다. 자랑과 자부심은 바로 거기까지다.

흔들리는 삼성전자

2012년 이후 삼성전자의 가장 큰 수익원은 갤럭시와 같은 스마트폰이다. 한 때 세계 시장의 35.2%(2012년 3분기), 다시 말해 세계에서 사용되는 스마트폰 3 대 중의 1 대 이상을 삼성이 만들었다. 하지만, 계속 흔들리고 있다. 밑으로는 샤오미, 비보와 같은 중국 제품의 저가 공세가 치열하고, 위로는 아이폰과 같은 고가의 스마트폰이 삼성의 갤럭시를 위협하고 있다. 2021년 1분기 기준 삼성전자의 스마트폰의 세계 시장 점유율은 여전히 세계 1위를 차지하고 있지만, 그 점유율은 21.7%로 떨어져 버렸다. 하지만 매출액 기준으로는 애플의 절반 수준에도 미치지 못하고, 수익을 기준으로 하면 그 격차는 더 벌어진다.

삼성전자의 성공은 막강한 제조경쟁력과 철저한 모방에 힘입은 바 크다. 즉, 시장의 트렌드가 변할 때 시장을 선점한 제품과 유사한 제품을 빠른 시일 내에 저렴한 가격으로 만들어 내는 것이다. 한 마디로 말하면, 삼성은 빠른 추격자(fast follower)다. 슬프지만, 이 빠른 추격이 거의 한계에 달하고 있다. 혹자는 말한다. 삼성에는 가전과 반도체가 있지 않느냐고. 이 말도 일리가 없지는 않다. 예컨대, 2021년 2분기 삼성전자는 12.57조의 영업이익을 거두었다. IM(IT and Mobile Communications, 스마트폰 분야)와 CE(Consumer Electronics, 가전 부문)의 이익은 각각 3.24조 원과 1.06조 원에 불과하지만, 반도체 분야의 이익은 6.93조 원을 기록했다. 괄목할만 하다. 하지만 메모리 반도체는 경기와 수급의 영향을 너무 많이 받고, 이를 극복하기 위해 비메모리 반도체에 대한 투자를 확대하고 있다. 과연 어떨까?

비메모리 반도체, 파운드리 사업은 돌파구가 될 수 있을까?

지금 현재 비메모리 반도체에 집중 투자하고 있는 삼성전자의 전략은 '중간 정도'의 미래를 내다본다면 틀리지 않다. 이 어려운 문제를 쉽게 말해보자. 5 나노미터(nano meter). 1 나노미터는 10억분의 1 미터다. 어느 정도의 크기인지 쉽게 감이 잡히지 않는다. 이 5 나노미터라는 극미세의 세계에서 팹리스(fabless: 공장이 없는 반도체 설계업체) 들이 설계한 반도체를 만들 수 있는 회사는 지금 세계에서 대만의 TSMC와 삼성전자 두 개 기업

뿐이다. 이 두 기업은 서로 먼저 3 나노미터의 공정을 선점하려 애쓰고 있다(삼성이 조금 더 빨리 공정을 선점할 것이라는 예측도 있다). 더 극미세의 세계로 갈수록 효율이 더 높아진다. 더 쉽게 독점을 할 수 있다. 인텔도 최근 이 분야로 뛰어들겠다는 신호를 보내고 있다. 그만큼 각광을 받고 있는 분야다. 4차 산업혁명이 본격화될수록, 사물인터넷, 자율주행차, 인공지능, 스마트 시티, 스마트 팩토리, 빅데이터 센터 등 어느 하나 비메모리 반도체가 들어가지 않는 영역은 없다.

삼성이 이 시기를 잘 활용하고, 미국이 주는 인센티브를 잘 챙기며 현지 공장을 건립하고(미국 텍사스주 테일러시에 170억 달러를 투자해 반도체 공장을 건립하기로 했다), 세계적인 공급망을 유지하면서도 거대 IT 기업과의 유기적인 관계를 유지한다면, 대만의 TSMC와 엎치락 뒤치락 하면서도, 한 10년 정도는 유망하다(미중 무역전쟁의 불똥이 튄다면 그 10년도 장담하지 못할 수 있다). 앞서 '중간 정도의 미래'라는 표현을 사용했다. 묻고 싶다. 그 10년 뒤의 '조금 먼 미래'에는 어떻게 할 것인가? 그 10년 동안 지금의 인텔, 애플, TSMC, 소니, 국가로 말하면 미국, 일본, 중국은 손가락만 빨고 있을 것 같지 않다. 블루 오션이 레드 오션으로 변하는 것은 한 순간이다. 무엇으로 초격차를 유지할 것인가?

그 정도에서
경제사의 뒤 안길로 사라질 각오를 하지 않는다면
그 뒤 삼성전자는 무엇을 먹고 살 것인가?

폼 팩터 체인저(form factor changer)로 충분한가?

2021년 삼성전자는 스마트폰에서 폴더블 스마트폰을 출시하면서 스마트폰의 폼 팩터 체인저(스마트폰의 형태를 막대 모양에서 접는 형태로 바꾸는 것)로서의 역할을 수행했다. 시장은 환호했다. 여기에 비스포크 에디션까지 더함으로써 애플과 한 번 겨룰 태세를 단단히 했다. 심지어는 아이폰 마니아들이 갤럭시Z플립 3을 사용하기 위해 아이폰을 떠나는 일까지 발생했다.

브라보!

TV에서 와인 잔을 닮은 보르도 LCD TV를 출시한 이래 삼성의 디자인은 일취월장했다. 가전을 가구로 자리매김한 비스포크 에디션을 갤럭시Z플립 3에까지 적용하다니.

조금 멈추어야 한다. 판데믹 이전, 미국을 여러번 방문해서 애플 매장을 둘러보고 미국인들의 스마트폰 사용 행태, 스타벅스에서 사용하는 컴퓨터 등을 살펴보았지만……. 미안하다. 아직 삼성은 애플을 따라잡지 못하고 있다. 애플을 경쟁자로 생각하는 것만으로도 대단하다면, 그것으로 만족하기 바란다.

목표한 대로, 삼성이 비메모리 반도체 부문에서 성공한다 해도, 그리고 스마트폰에서의 폼 팩터 체인저로 당분간 성공한다 해도 '슬픔 끝 즐거움 시작'과 같은 동화가 시작되지는 않는다.

환골탈태하는 각오를 하지 않는다면, '조금 먼 미래' 삼성전자는 애플과 같은 글로벌 IT 기업에 질 좋은 부품을 싼 가격으로 공급하는, 그리고 보기 좋은 가전제품을 합리적인 가격으로 공급하는, 좋은 하드웨어 기업으로 남을 수는 있을 것이다. 하지만, 그 이상을 바라진 말아야 한다.

왜, 그런 판단을 내리는가?

삼성은 고유의 이미지를 가진 독창적인 제품을 만들 수 있을까?

돌이켜 보자.

한 때 10억 불의 배상금을 지급하라는 판결이 내려지기도 했던 애플과 삼성의 특허전쟁. 그 세기의 싸움이 거의 마무리되고 있다. 이 싸움은 제품이 작동되는 기술적 특허를 둘러싼 싸움이 아니라, 제품의 디자인과 느낌에 대한 싸움이다. 즉 트레이드 드레스(trade dress: 색채, 크기, 모양 등 제품의 고유한 이미지를 형성하는 무형의 요소) 라는 새로운 지적 특허를 어디까지 인정해야 할 것인가가 쟁점이었다. 애플은 삼성이 아이폰이라고 느껴지는 그 고유의 특성을 베꼈다고 주장한다. 애플 주장의 찬반은 논외로 하더라도 삼성에 없는 것이 바로 이것이다. 독창적인 제품을 고유의 이미지를 가진 형태로 만들어 내는 것. 그건 디자인의 문제가 아니라, 시장과 제품을 앞서보는 선견력, 소비자의 탄성을 이끌어내는 공감력의 문제다. 삼성이 단순히 소프트웨어 인력을 늘리고, 디자인 거장을 영입한다고 해결될 문제가 아니다.

누가 무엇이라고 말해도 삼성전자는 하드웨어 전문 IT 기업이다. 애플은 하드웨어는 주로 아웃소싱을 이용하지만, iOS는 자체 개발하고 있으며 앱과 같은 소프트웨어와 컨텐츠는 아이튠즈라는 독자적인 생태계를 통해 팔고 있다. 삼성은 스마트 폰 OS와 생태계의 대부분을 구글 안드로이드와 play 스토어에 의존하고 있다. 타이젠이라는 새 OS를 사물인터넷 시대의 플랫폼으로 내세워 반전을 꾀하기도 했으나 아직 '물가에 아이 앉혀놓은 기분'이다.

고유의 이미지를 가지고 한 시대를 주름잡을 수 있는 그런 제품, 그리고 그런 제품을 바탕으로 한 생태계. 마지막으로 그것을 가능하게 하는 가장 중요한 기업조직과 기업문화.

삼성(전자)은 무엇을 미래의 성장동력으로 삼고 있을까?

우리를 더 당혹하게 하는 것은 엄청나게 빠른 속도로 변하는 4차 산업혁명의 시대에 삼성은 자신이 무엇을 할지 명확히 말하지 않고 있다는 점이다. 한 때, 태양전지·자동차용 전지·LED·바이오 제약·의료기기라는 5대 신성장동력을 내세웠지만, 이미 태양전지는 사업을 정리하는 단계고, 겨우 바이오와 자동차용 배터리만 선전하고 있다.

이런 상태에서, 구글이나 실리콘 밸리의 벤처기업이 세상을 움직이는 새로운 제품(예를 들어 눈에 보이지 않으나 몸에 부착되는 새로운 웨어러블 기기)을 내 놓을 경우 갤럭시 시리즈의 몰락은 피할 수 없을지 모른다. 혹은 디지털경제의 패러다임이 현재와는 전혀 다른 방향으로 움직일 경우 (예컨대 사물인터넷에 부착되는 센서와 반도체의 수익성이 현저히 떨어지는 것으로 드러날 경우, 혹은 세계적 공급망의 혼란으로 더 이상 중국에서 사업을 할 수 없게 될 경우) 삼성은 크게 휘청거릴 수 있다.

영국의 〈이코노미스트(The Economist)〉는 그래서 삼성전자의 앞날과 관련 '미래의 GE(General Electric) 혹은 미래의 대우'라는 물음표를 던진다. 이 경제잡지가 세계경제를 바라보는 시각에 다소 서구지향의 편향성이 포함되어 있다 해도 삼성과 삼성전자의 미래에 던지는 물음은 심각히 생각해 보아야 한다.

"삼성은 아시아 기업의 새로운 모델이다. 하지만, 이런 삼성이 현재와 같은 속도로 계속해서 성장할 것이라고 기대해서는 안된다."

마누라와 자식도 바꾸는 창조적 파괴의 필요성

프랑크푸르트 선언의 본질은 전부 다 바꾸자는 것이다. 마누라와 자식을 남겨둔 것은 그 역설의 표현이다. 하지만, 그 역설을 다시 빌리면, 이제 삼성에게 필요한 것은 그 남겨둔 마누라와 자식마저 바꿀 필요가 있다는 것이다. 마누라를 바꾸라는 말이 아니라, 모든 것을 새로운 관점으로 바라보아야 한다는 것이다. 필요한 것은 '창조적 파괴(constructive destruction)'다.

삼성에게 어떤 창조적 파괴가 필요할까?

나에게 삼성전자를 마음대로 주무를 수 있는 권한이 주어진다면 다음과 같이 만들고 싶다.

삼성전자의 제조업 부문을 몇 개의 회사로 분리할 것이다.

가장 중요한 것은 삼성 반도체(혹은 전혀 다른 별도의 명칭을 만들어도 좋다). 이 회사는 메모리와 비메모리 반도체 만을 전담하도록 한다. 현재 이상의 전권을 가진 CEO를 발탁하여 현재 가지고 있는 초격차의 제조경쟁력은 그대로 유지하도록 한다. 그렇게 할 수 있을까? 어마어마한 노력이 필요할 것이다.

두 번째 회사는 삼성 가전(역시 전혀 다른 별도의 명칭을 만들어도 좋다)이다. 여기에 속하는 것이 가전과 스마트폰이다. 분사를 통해 날렵한 몸매를 유지하려는 것은 4차 산업혁명 시대의 새로운 킬러 프로덕트(killer product)가 탄생할 경우 가급적 빨리 따라잡기 위해서다. 그건, 미안하지만, 생존(성공이 아니다)을 위한 최저한의 조건이다. 지금, 삼성전자가 만들고 있는 모든 가전 제품들은 조만간 중국 기업들이 (다소 품질은 떨어지더라도) 더 저렴하게 만들 것이기 때문이다. 가전의 디자인과 품질이 언제까지 정상에 있을 것이라고 기대해서는 안된다. 미안하지만, 이 삼성 가전은 언젠가 역사의 뒤 안길로 사라질 수 있다는 각오를 해야할지 모른다.

그 다음, 가장 중요한 부분이다. 의사결정의 신속성과 위험을 긍정적으로 수용하는 새로운 회사가 필요하다. 이 회사는 제조업 부문과 긴밀한 관계는 유지하되, 기존의 애플은 물론 구글도 능가하는 새로운 기업

문화를 가져야 한다. 바로 벤처기업의 속성이다. 여기서 새로운 웨어러블 제품을 만들어내건, 다른 벤처기업을 인수하건, IT와 나노, 바이오를 결합하는 새로운 기기를 만들어내건, 미안하지만, 간섭해선 안된다. 위험? 물론 매우 크다. 하지만, 그런 위험을 무릅쓰고 4차 산업혁명 시대에 맞는 새로운 패러다임과 제품을 주도하지 않는 한 삼성전자는 잘해야 현재의 GE와 같은 기업이 되지 않을까?

삼성은 이미 C Lab inside와 outside의 형태로 사내 벤처와 사외 벤처를 활성화하고 있다. 그리고 이를 통해 CES 2020의 유레카 파크와 같은 공간에 이들 벤처가 개발한 제품을 전시하고 있다. 하지만, 그 양과 질, 규모는 여전히 부족하다. 구색맞추기다. 이들이 개발한 제품이 어느 정도 양산되었는가? 이들 벤처기업이 구색 맞추기가 아니라면, 경우에 따라서는 이들 벤처가 개발한 제품으로 삼성의 미래 진로를 완전히 변경해야 할 수도 있다. 묻고 싶다. 과연 그렇게 할 수 있을까? 벤처에서 만든 제품 하나의 미래 경쟁력을 내다보고 현재의 삼성전자를 창조적으로 해체하지 않으면 안된다. 그렇게 할 수 있을까?

한 가지만 더. 현재 삼성전자의 지배구조를 어떻게 할 것인가? 지금처럼 어정쩡한 상태를 유지한다면 어느 날 삼성전자는, 이재용의 삼성도 아닐뿐더러, 한국의 기업이 아니게 될지도 모른다. 욕을 먹을지언정, 해야 할 일은 해야 한다. 구글이 왜 알파벳이라는 지주사를 만들었는지는 이미 알고 있지 않은가. 자유롭게, 세상의 흐름에 맞추어, 혹은 세상의 흐름을 앞서 투자를 하기 위함이다. 당연히 해야 할 일을 미루면 그 결과는 참혹할 수 있다.

작은 나라의 큰 기업. 그 큰 기업이 계속 유지되려면, 더 강해지려면 한 가지 길밖에 없다.

소리 나지 않게, 소리를 내지 않으면서 강해야 한다.

중국은 왜 빅 테크 기업을 규제하는가?

중국은 왜 빅 테크 기업을 규제하는가?

이 질문은 자연히 다음과 같은 질문으로 이어진다.

중국은 빅 테크 기업 규제를 통해 무엇을 얻으려고 하는가?

중국이 빅 테크 기업을 망하게 하는 것이 목표가 아니라면

이 질문은 역시 다음과 같은 질문으로 이어진다.

중국은 언제까지 빅 테크 기업을 규제할 것인가?

이런 질문에 답하기 위해서는 조금 우회를 할 필요가 있다.

4차 산업혁명 시대, 중국의 위상

디지털경제의 발전과 이에 따라 진행되는 4차 산업혁명. 이런 격변기에 세계 경제의 지형이 바뀌게 됨은 두말할 나위 없다. G2의 대두, 중국

의 시대라는 진부한 말로 중국의 부상을 강조하고 싶지 않다. 세계 경제의 구조 변화로 볼 때 중국이 차지하는 위상은 다음과 같은 문장으로 정리할 수 있다: "제3차 산업혁명의 시대까지는 유럽과 미국이 그 중심에 있었다면, 디지털경제의 발전에 따른 4차 산업혁명의 시기에는 중국이라는 새로운 플레이어가 등장하게 되었다."

이런 사실은 중국이 연구개발에 어느 정도의 투자를 하고 있는지 그 추이와 정도를 가늠함으로써 확인할 수 있다. 중국의 연구개발 투자는 엄청난 규모와 속도로 증가하고 있다. 2013년을 기준으로 할 경우, 그 전체 연구개발 투자 규모는 EU와는 비슷하지만, 아직 미국을 따라잡지 못하고 있다. 하지만 미국 과학위원회(NSB)는 2019년을 전후하여 중국의 연구개발 투자가 미국을 따라잡을 것이라고 예측한다. 그러니, 이 책을 쓰는 2021년 하반기에는 중국의 연구개발 투자는 이미 미국을 능가하지 않았을까 짐작된다.

연구개발 투자가 왜 중요한가? 중국제조 2025라는 중국의 국가적 구호에서 보는 바와 같이 중국은 2025년까지 자신을 첨단 제조국가로 발전시키는 것을 목표로 하고 있다. 5G, 모바일 인터넷, 디스플레이, 플랫폼 기업의 규모 등 디지털경제의 발전을 위해서는 연구개발투자 이상으로 중요한 것은 없다. 4차 산업혁명 시대 가장 중요한 인프라 중의 하나인 인공지능 분야에서도 중국은 미국 이상으로 엄청난 투자를 하고 있다. 치열한 경쟁이다. 하늘에 두 개의 태양이 있을 수 없다면, 세계 경제구조의 변화라는 측면에서 미국과 중국의 패권전쟁이 일어나지 않을 이유가 없다.

다가오는 미래, 축복인가 저주인가

발전하는 중국의 디지털경제

4차 산업혁명의 시대에 이처럼 중국의 부상이 눈부시다면, 도대체 4차 산업혁명 시대의 가장 중요한 부문인 디지털경제는 중국에서 어느 정도의 규모이고, 어느 정도의 위치를 차지하고 있을까?

박재곤(2021, a)의 보고에 따르면 2020년 중국 디지털경제 규모는 39조 2000억 위안으로 전체 GDP에서 차지하는 비중이 38.6%에 이르고 있다. 쉽게 말해 중국 GDP의 40% 정도를 디지털경제가 차지하고 있다. 그 성장률도 만만치 않다. 2020년의 경우 디지털경제 성장률은 9.7%로 GDP 명목 성장률 3%의 3배가 넘고 있다. 이런 비중과 증가율을 함께 고려하면 디지털경제가 중국 경제의 성장을 이끌고 있다는 평가를 내릴 수 있다.

중국은 이런 디지털경제에 어떤 부문들을 포함시키고 있을까? 공식 통계에 의하면 중국의 디지털경제는 크게 세 부분으로 나눌 수 있다. 중국은 IT가 가지는 중요성을 잘 알기에, 먼저 IT를 육성하고, 그 다음 IT를 전 산업에 적용하기를 원하고 있다. 그리고 이런 기조하에 데이터 산업을 육성하고 있다.

먼저 IT를 육성한다는 것. 중국은 이것을 디지털 산업화로 부르고 있다. 인공지능, 블록체인, 클라우드 컴퓨팅을 육성하고, 통신산업, 소프트웨어, 인터넷 서비스를 활성화하는 것이 여기에 속한다.

그 다음 이런 IT를 전 산업에 적용하려고 한다. 중국은 이것을 산업

디지털화로 부르고 있다. 흔히 말하는 디지털변환(digital transformation)이 이런 범주에 속한다. 온라인 서비스, 전자상거래는 기본이고 농산물 가공 디지털화, 농산물 판매 디지털화, 스마트 제조, 산업화와 디지털화의 융합이 여기에 속한다.

마지막으로, 이런 '디지털 산업화'와 '산업 디지털화'의 토대가 되는 데이터를 모으고 분류하여 새로운 가치를 창조하는 '데이터 가치화'가 한 부문을 구성한다. 데이터의 수집, 집중, 관리, 공유, 보안 등이 이 부문에 속한다.

이처럼 중국은 4차 산업혁명을 이끄는 부문과 경쟁력의 원천을 정확히 파악하고 있다. 디지털경제의 내부 구성을 보면, 산업 디지털화의 비중이 높은 상태에서 계속적으로 증가하고 있으며, 디지털 산업화 비중은 점차 감소하고 있다. 이것은 IT의 개발과 육성에 대한 관심이 줄어든다는 말이 아니라, 개발된 IT와 디지털 기술을 보다 많은 산업에 적용하고 있음을 의미한다.

이제 결론을 말할 때다.

디지털 기술이 농업, 제조업 등 기존 산업에 활용되어 효율성을 높이는 산업 디지털화가 중국 디지털 경제발전의 원동력이 되고 있다. 그리고 이런 디지털경제의 발전이 다시 중국 전체 경제성장을 견인하고 있다.

그런데 중국은 디지털경제의 핵심을 이루는 빅 테크 기업을 왜 규제하는가?

여기서 우리는 다시 처음 질문으로 돌아간다. 중국 경제성장의 핵심을 이루는 디지털경제, 그리고 그 디지털경제의 최전선에 서서 세계와 경쟁하는 중국의 빅 테크 기업을 중국은 왜 규제하려 하는가?

그 규제의 시작은 사소하다면 사소한 것이다. 알리바바 그룹의 창업자인 마윈은 알리바바 금융계열사인 앤트 그룹의 상장을 앞두고 2020년 10월 24일 상하이 와이탄 금융 서밋에 참석하여 중국 정부에 대해 다음과 같은 쓴 소리를 했다: "중국 정부가 (4차 산업혁명 시대에 필요한) 혁신을 억누르고 있다. 과거와 같은 방식으로 미래를 관리할 수는 없다."

사소한 정부 비판에 대한 대가는 사소하지 않았다. 중국 정부는 11월 3일 세계 최대 규모의 기업공개로 주목받던 앤트 그룹의 상하이 상장을 전격 중단시켰다. 알리바바 주가는 폭락했고, 그 이후 마윈은 120억 달러에 달하는 재산 감소를 목격해야 했다.

이것은 시작에 불과했다. 2020년 12월 이후 중국은 '반독점법' '반부정당경쟁법' 등에 근거한 기업결합 위법, 부당한 가격행위, 부당한 경쟁행위, 시장지배적 남용행위 등의 이유로 플랫폼 기업에 대한 규제를 가하기 시작했다. 대부분의 처벌 대상기업은 바이두, 알리바바, 텐센트, 디디추싱, 장둥 등 중국을 대표하는 디지털 기업이었다. 4차 산업혁명의 시대, 디지털경제의 성장과 부흥을 이끌고, 중국 경제의 성장을 견인할 수 있는 그런 플랫폼 기업에 철퇴를 가하기 시작한 것이다. 외국 투자가의 아우성과 중국 정부에 대한 비판이 시작된 것은 전혀 낯설지 않다.

중국은 정말 황금알을 낳는 거위를 죽이려 하는가?

중국 빅 테크 기업 규제의 목표와 방향은 전혀 엉뚱하지 않다.[37] 독점을 방지하고, 공정한 시장경쟁 질서를 확립하고, 소비자 권익을 보호하고, 플랫폼 경제의 지속가능한 발전을 도모한다.

문제는 1) 왜 지금 이런 규제를 시작했으며, 2) 그 규제의 진정한 목적은 무엇이며, 3) 이런 규제를 지속하더라도 중국 빅 테크 기업의 경쟁력이 유지될 것인가 하는 점들이다.

더 근본적으로는 미국과 중국의 플랫폼 기업 반독점 행위 규제가 그 성격을 달리한다는 것이다. 미국을 일방적으로 편드는 것은 아니지만 미국의 경우 기업의 반독점 행위에 대한 규제는 오랜 역사와 경험을 가지고 있다. 미국 사회는, 시장경제를 근본으로 기업의 자유로운 경쟁을 보장하는 것이 장기적으로 경제를 성장시키는 지름길이라고 암묵적으로 동의하고 있다. 물론 시대에 따라 그 세부적인 적용과 규제는 다소 차이가 나기는 했지만. 중국의 경우에는 그런 역사가 없다. 등소평의 시장개방 이후 성장 일변도의 정책을 취해오다 어느 날 갑자기, 한 번도 중국 경제에서 집중적으로 논의되지 않은 반독점과 공정경쟁, 그리고 소비자 보호라는 엉뚱한 구호가 나왔기 때문이다. 미국이 아래로부터 자생적으로 이런 반독점 규제라는 흐름이 나왔다면, 중국은 위로부터 느닷없이 아무런 구체적 논의 없이 규제가 가해지기 시작한 것이다. 그래서 중국 빅 테크 기업의 규제 목표와 방향은 틀린 것도 아니지만 맞는 것도 아니다.

다가오는 미래, 축복인가 저주인가

한 가지 분명한 것은 이런 규제가 오래 지속되면 중국 빅 테크 기업의 경쟁력 향상은 기대하기 어렵다. 한 가지 예를 들기로 한다.

한 때 상장이 불발된 앤트 그룹을 가지고 있는 알리바바, 그 알리바바의 모바일 지급결제 시스템인 알리페이는 중국 모바일 지급결제의 55.1%(2019년 기준)를 차지하고 있다. 알리페이에 대한 규제를 하면 텐페이, 이첸바오와 같은 여타 모바일 결제 플랫폼이 수혜를 입을까? 적절한 전략이 수반되면 그럴 수도 있다. 하지만 중국 모바일 결제 플랫폼 자체의 경쟁력은 그만큼 뒷걸음 칠 수밖에 없다. 중국 정부가 철퇴를 휘두른다고, 중국의 모바일 인터넷 이용자 수가 줄어드는 것도 아니고, 이들이 모바일 결제 플랫폼을 사용하지 않는 것도 아니기 때문이다. 다음과 같은 디지털 경제의 추세는 중국 정부도 막기 어렵다: "2020년 기준 중국의 모바일 인터넷 이용자수는 9억 8600만 명이며, 이 중 35%가 모바일 결제를 이용하고 있다. 2018년 기준 전 세계 305개 유니콘 기업 중 83개가 중국 기업으로 전체의 약 27.2%를 차지하고 있다."

그래서 한 가지 사실은 분명해진다.

중국 정부가 이런 규제를 지속하는 것은 이들 빅 테크 기업을 망하게 하려는 것이 아니라, 무엇이 마음에 들지 않아 혼을 내려는 것, 혹은 따끔하게 혼을 내는 것을 통해 또 다른 무엇을 바라보고 있다는 것.

변화의 시기에 처한 중국: 공동부유론과 쌍순환 전략

공동부유론(共同富裕論). 중국이 빅 테크 기업에 대한 규제를 가하기 시작하면서 나오기 시작한 구호다. 함께 잘 살자. 이 말에 동의하지 않을 사람은 없다. 문제는 왜 지금, 빅 테크 기업에 대한 규제를 시점으로 이런 말이 나오기 시작했을까? 혹자는 말한다. 등소평이 내세운 선부유론(先富 裕論)의 시대는 지나갔다고. 그런 주장이 맞다고 하더라도 '왜 지금'이라는 질문에 대한 답은 되지 않는다.

중국은 빅 테크 기업에 대한 규제와 함께 부동산 재벌과 같은 신흥 부호에 대해서도 일련의 압박을 가하기 시작했다. 이뿐 아니다. 사회 문화적 군기 잡기와 같은 아이돌 팬 클럽에 대한 압박과 규제, 게임에 대한 규제, 사교육에 대한 규제, 심지어는 TV와 같은 매스컴에 등장하는 여자같이 예쁜 남자(정확히는 남자가 여성스럽게 보이는 행위)에 대한 규제 등도 이어지고 있다.

모든 정보가 공개되지 않는 사회, 시장경제에 익숙한 관점으로는 이해되지 않는 정책, 시장경제도 아니고 완벽한 사회주의 경제도 아닌 독특한 경제체제, 시장과 당의 기능이 혼란스럽게 섞여 있는 경제. 그런 사회와 경제임을 알면서도 4차 산업혁명의 관점, 빅 테크 기업의 관점에서 중국이 왜 이런 규제를 가하는지 그 이유를 다음과 같이 추론하려 한다. '추론'이라는 단어를 사용한 것은 누구도 현재로서는 그 정확한 이유를 알기 어렵기 때문이다. 단지, 재채기와 누군가를 사랑하는 눈빛, 그리고

다가오는 미래, 축복인가 저주인가

주머니에 든 송곳은 결코 감출 수 없다는 평범한 진리를 바탕으로 한 걸음 더 나아가고자 할 따름이다.

중국은 지금 그 경제와 사회, 정치 모든 면에서 일대 전환의 시기에 처해있다. 그 전환의 모든 영역을 다 헤아릴 수 없지만, 최소한 경제발전의 측면에서는 등소평 이후 지금까지 추진해 왔던 전략을 점검하고 새로운 발전 전략을 모색해야 할 시기다. 중국은 최근 쌍순환 전략을 새로운 경제발전 전략으로 내세웠다. 쌍순환 전략? 어렵지 않다. 지금까지의 전략이 외부로부터의 투자, 자금조달, 기술지원과 같은 외순환의 형태였다면, 이제부터는 이와 함께 소비수준의 향상을 전제로 한 내순환의 형태도 함께 추구하겠다는 것이다. 쉽게 말해 외향적 경제발전 전략을 내향적 경제발전 전략으로 바꾸겠다는 것이다.[38]

앞길을 막는 절망적인 빈부격차

이런 전략의 전환에 대한 최대의 걸림돌이 바로 빈부격차다. 중국은 공식적으로 공산당 창당 100주년을 맞아 2021년까지 샤오캉(모든 국민이 편안하고 풍족한 생활을 누림) 사회를 만들겠다는 목표가 달성되었다고 선전하지만, 현실은 그렇지 않다. 홍콩 사우스차이나모닝포스트(SCMP)는 중국의 지니계수(1에 가까울수록 불평등이 심화된 것이다)는 지난 20여년간 0.46~0.49를 오갔으며 이마저도 저평가된 것이라고 한다. 1980년대 이후 중국의 1인당 GDP가 꾸준히 증가했지만, 경제적 불평등은 조금도 줄어들지 않았다. 사회주의 국가임에도 도시와 농촌 지역의 격차, 동쪽의 해안 지방과 내륙 지방의 격차 역시 좁혀지지 않고 있으며 세대간 격차 역시 같은 추세가 지속되고 있다.

'탕핑'이란 단어는 중국 청년들의 절망감을 표현한다. 탕핑은 바닥에 평평하게 누워 아무 것도 하지 않는다는 의미다. 사회주의 국가임에도 부가 대물림되고 아무리 일해도 계층 사다리를 타고 올라갈 수 없는 현실에 대한 소극적인 저항인 셈이다.[39]

빅 테크 기업에 대한 규제는, 경제발전 전략의 전환에 따른 빈부격차의 해소, 최소한 공동부유라는 명분 하에, 사회 전반에 깔려있는 절망감과 격차를 해소하겠다는 중국 정부의 제스처인 것이다.

중국몽(中國夢)?

다시 한 걸음 더 나아간다. '왜 지금인가?'

2021년 7월 2일, 중국 공산당 창당 100주년 경축사에서 시진핑 주석은 초심과 결심, 자신감을 언급하며 '중화민족의 위대한 부흥이라는 중국몽(中國夢)도 반드시 실현할 수 있다'고 강조했다. 이 뿐이라면 시진핑 주석의 축사는 중국이라는 거대한 나라의 진로를 묘사한 것이라고 평범하게 해석할 수 있다. 하지만, 2022년 10월 제20차 중국 공산당 대회에서는 과거 중국 지도층 누구도 경험하지 못한 결정이 내려질 수 있다. 바로 시진핑 주석의 3연임이다. 온갖 미사여구로 치장하고, 장단기의 정책 목표를 내걸더라도 그것은 성동격서(聲東擊西)일지 모른다. 공동부유론을 내걸고 쌍순환 전략으로 전환하고, 독점방지와 소비자 보호라는 명분 하에 빅테크 기업에 대한 규제를 강화하고, 사회 전반의 규율을 세우더라도 그것이 2022년의 10월의 이벤트와 연결됨을 어찌할 수 없다.

'충성과 복종' 어쩌면 이것이 빅 테크 기업에 대한 규제의 실제적인 목표일 수도 있다.

중국을 바라보아야 하는 한국, 한국을 바라보지 않는 중국

중국의 정치적 흐름에 관여할 의사도, 능력도 없다. 하지만, 주머니에 든 송곳을 보는 형태로나마 중국이라는 나라의 흐름을 살펴보려는 것은 중국은 바로 우리의 이웃 나라이고, 경제적으로 가장 큰 영향력을 행사할 수 있는 나라이기 때문이다.[40]

무슨 말이냐고? 중국은 현재 우리의 가장 중요한 수출 대상국이자 수입 대상국이다. 미국이 아니다. 슬프지만 어찌할 수 없는 현실이다. 2020년의 경우 한국의 대중수출은 1,256억 달러이지만 한국의 대미수출은 741억 달러에 불과하다. 수입의 경우도 마찬가지다. 한국의 대중수입은 1,089억 달러이지만, 한국의 대미수입은 575억 달러에 불과하다. 안보는 미국, 경제는 중국이라는 말이 결코 빈 말은 아니다. 최근의 디젤자동차 요소수 파동을 돌이켜보면 한국이 중국에 어느 정도 경제적으로 의존하고 있는지 짐작이 간다.

중국의 빅 테크 기업 규제를 바라보면서 개인적으로 바라는 것은 시진핑 주석의 공산당 창당 100주년 기념사에서 행한 다음과 같은 말이 한국 뿐 아니라 중국에서도 실현되는 것이다.

"강산이 곧 인민이고, 인민이 곧 강산이다."

곡해하지 말자.

세계 역사를 돌이켜보면 어느 정부, 어느 왕조라도 국민 혹은 인민 혹은 백성과 같이 가지 않으면 오래 가지 못한다.

장강(長江)은 누가 막더라도 스스로 길을 찾아 바다로 나간다.

III

끝없이
변하는 세계

인공지능, 판도라의 상자를 여는 것인가?

인공지능(AI: Artificial Intelligence)의 역사에 있어서 2016년 3월은 기억해야 할 시점이다. 인공지능 알파고(Alphago)는 이세돌과의 바둑 대결에서 4승 1패로 이겼다. 구글 딥마인드의 CEO는 이 소감을 다음과 같이 짤막하게 피력했다.

"이겼다. 우리는 달에 착륙했다."

5년이 지난 지금, 이런 소감은 역설적으로 반대로 해석되고 있다.

"이겼다. 인간!"
"이세돌은 인공지능을 상대로 귀중한 승리를 거두었다."

1승 4패의 전적에서 4패보다 1승이 더 무게를 가지게 된 것이다. 2016년 그 당시는 모두 이세돌의 압도적인 승리를 점쳤지만, 지금은 이세돌이 인공지능을 상대로 1승을 거둔 것이 인간이 인공지능을 상대로 거둘 수 있는 마지막 승리가 아니냐고 생각하게 되었다. 5년이 지나면서 인공지능에 대한 인식은 이렇게 상전벽해와 같이 변했다. 그만큼 인공지능의 발전 속도는 우리 모두를 놀라게 한다.

도대체 인공지능이 무엇이길래 이토록 열광하는 것인가?

인공지능은 어떻게 개발되는가?

복잡한 인공지능의 기술적 측면을 설명할 생각은 조금도 없다. 간단히 이야기하자. 인공지능은, 아주 축약적으로 말하자면, 사람이 만든, 스스로 학습할 수 있는 소프트웨어이다. 두 가지를 강조하고 싶다.

먼저, 사람이 만든다는 것. 사람이 만든다는 말은 인공지능이 발전하기 위해서는, 인간이 인공지능에게 학습을 위한 재료를 제공하고, 그 다음 인공지능의 학습 로직, 혹은 인공지능의 지능 습득 메카니즘을 인간이 설계해야 한다는 것이다. 인간이 인공지능에게 제공하는 학습 재료는 데이터이다. 당연한 말이지만 데이터가 많을수록 인공지능의 학습 속도는 빨라진다.

그 다음, 스스로 학습할 수 있다는 것. 인공지능은 그 데이터를 통해, 복잡한 과정을 경유하여(여기서는 이에 대한 설명은 생략한다), 인간이 인식하는 것과 유사한 (여기서 이 유사한 이라는 단어에 주목해야 한다. 인공지능이 인식하는 것은 아직 인간과 같지 않다) 학습의 과정을 거친다. 여기서 그 유명한 머신러닝(machine learning)과 딥러닝(deep learning)이 등장한다. 머신러닝은 인간이 직접 모든 것을 하나 하나 가르치지 않아도 컴퓨터에게 학습할 데이타를 제공하면 컴퓨터가 스스로 학습하는 것을 말한다. 딥러닝이란 머신러닝 중의 하나인데, 인간의 뇌가 정보를 전달하는 방식과 비슷하게 인공지능이 데이터를 받아들인다는 것이다. 이 딥러닝의 핵심은 분류를 통한 예측인데, 인공지능은 많은 양의 데이터에서 스스로 패턴을 발견하고 분석해 나간다.

인공지능을 이렇게 이해하면 인공지능의 발전과 관련해 다음과 같은 질문이 제기된다.

첫째, 인간은 인공지능에게 어떤 빅데이터를 제공해야 하는가? 인공지능의 학습은 인간이 제공하는 빅데이터에 기본적으로 의존할 수밖에 없기 때문에 인간이 제공하는 빅데이터가 편향되거나 차별적이면 인공지능의 인식이나 판단, 역시 편향되거나 차별적일 가능성이 존재하기 때문이다.

둘째, 인공지능을 어느 분야에 어떻게 적용해야 할 것인가? 이세돌과 알파고의 사례에서 보는 바와 같이 인공지능은 기본적으로 인간의 노동이나, 인간의 인식 혹은 나아가 판단까지 대체할 가능성이 있다. 그러므로 인공지능이 적용될 수 있는 분야나 적용의 방식을 미리 정하지 않으면 인간이 예상하지 못한 결과를 가져올 수 있다.

다가오는 미래, 축복인가 저주인가

셋째, 딥러닝 혹은 앞으로 새로 개발될 학습 메커니즘을 통해 인공지능은 어디까지 발전할 것인가? 뒤에서 자세히 설명되겠지만, 이 문제는 공상과학적인 측면이 없지 않다. 소위 말하는 인공지능이 인간의 모든 것을 지배하는 그런 사회가 오는 것을 미리 예방해야 한다는 것이다.

인공지능과 빅데이터

사례1: 구글 AI는 흑인을 고릴라로 인식했다.

사례2: AI 기반 애플 카드는 같은 조건을 가진 남성에게는 여성보다 10배 더 높은 신용카드 한도액을 제공했다.

사례3: AI는 얼굴인식 기능을 통해 수업 시간에 공부에 열중하는 학생과 그렇지 않은 학생을 구별할 수 있었다.

이미 설명했듯 인공지능은 패턴을 발견하고 분석해 나간다.

이런 과정에서 인공지능은, 인간이라면 아주 쉽게 구별할 수 있는, 고양이와 호랑이의 구분에 어려움을 느낀다. 이것은 이런 패턴 인식이 아직 완전하지 않다는 것을 말한다. 그래서 우스운 이야기지만, 흑인을 고릴라로 인식하는 코메디와 같은 상황이 발생하게 된다. 인공지능은 인간의 지적인 논리를 기반으로 한 연산이나 예측 분야에서는 (바둑이 이의 한 예이다) 인간을 뛰어넘은지 오래지만, 사물을 알아차리는 측면에서는 아직 인간과 비할 바 못된다. 달리 말하면 인공지능은 이런 분야에서 더 발전할 가능성이 많다.

인공지능을 기반으로 한 애플 카드는 왜 같은 조건의 남성에게 여성보다 더 많은 신용카드 한도액을 제공했을까?

이런 인공지능에 입력된, 혹은 이런 인공지능이 학습한 데이터는 여성보다는 남성을 선호하는 형태를 가지고 있었음에 틀림없다. 작은 차이일지 모르나, 인공지능에 입력된 데이터가 인종차별이나, 성차별, 세대 차별 적인 성격을 가지고 있다면, 이를 바탕으로 한 판단 역시 이런 성격을 가질 수밖에 없다.

인공지능은 얼굴에 드러나는 근육과 눈과 입의 상태를 기반으로 공부에 열중하는 학생과 그렇지 않은 학생을 판단한다. 다음 절에 자세히 논의되겠지만, 이런 인공지능 얼굴인식은 아직 불완전하기 때문에, 얼굴인식 기능에 의한 학생의 수업 참여 여부 판단은 또 다른 차별 혹은 갈등을 야기할 수 있다.

이런 모든 사례들은 인공지능의 학습을 위해 제공되는 빅데이터에 대한 일종의 감독, 혹은 스크린의 필요성을 제기한다.

이것이 소위 말하는 인공지능 발전과 관련된 윤리적 문제의 시발점이다. 제대로 된 빅데이터가 제공되지 않으면, 인공지능은 인간이 가진 모든 문제를 되풀이할 따름이다.

다가오는 미래, 축복인가 저주인가

좁은 의미의 인공지능(ANI: Artificial Narrow Intelligence)과 넓은 의미의 인공지능(AGI: Artificail General Intelligence)

ANI는 인공지능이 특별한 영역이나 기능에 국한되는 것을 말한다. 예를 들어, 바둑, 체스, 수학 문제 풀기 등이 이에 해당된다. 대개의 경우 현재 우리가 거론하는 인공지능은 이 ANI에 해당된다. 이런 ANI가 제한된 영역에서 인간의 노동, 인식, 그리고 판단을 대신할 경우, 이런 인공지능은 인간의 복지를 향상시킬 가능성이 매우 높다.

물론, 단순 노동을 넘어 다소 전문적인 노동까지 인공지능이 인간을 대체할 수 있겠지만, 이런 경우라도 인간은 다른 분야에서 또 다른 일자리의 가능성을 발견한다. 예를 들어, 왓슨(Watson)이라는 인공지능 기반 의사는 실시간으로 전 세계의 의학정보와 의료기술의 발전과 관련된 정보를 얻을 수 있기 때문에 질병의 판단과 치료, 처방에 새로운 지평을 열 수 있다. 이 왓슨이 도입되면 지금의 의사들의 역할에 다소의 제한이 가해질 수 있으나, 의사들은 이 왓슨이 하지 못하는 영역, 예컨대 환자와의 정서적 교류, 마음과 육체의 상관관계에 대한 통찰 등의 영역에서 왓슨 이상의 역할을 할 수 있게 된다. 뿐만 아니라, 이런 ANI가 스마트 공장이나 스마트 시티에서 인간의 감정과 관계없는 객관적인 데이터의 처리에 적용된다면, 그 공장이나 도시는 그 이전과 비교할 수 없는 효율을 얻게 된다.

그러나 ANI가 안면인식 기술을 이용하여 인간의 행동과 감정을 판단하고 이를 바탕으로 인간에게 불이익을 주는 조치를 행하게 된다면, 이는 현재의 인간과 인간 사회가 가지는 모순과 갈등을 반복할 따름이다.[41] 예컨대, 입사와 관련된 면접에서 인공지능은 자신에게 입력된 데이터를 이용하여 면접자의 특정 행동에 대해 전혀 엉뚱한 판단을 내릴 수 있다. 속이 좋지 않아 불편한 표정을 짓는 면접자를 비관적이고 반사회적인 성격의 소유자로 판단하여 불합격이라는 판단을 내릴 수도 있다. 문제는 인공지능에게 이런 판단의 근거 혹은 판단의 권한을 주는 것이 바람직하느냐는 것이다.

이런 문제는 AGI의 경우에는 더 심각해 진다. AGI는 사람이 인식하는 것과 같은 모든 영역에서 적용할 수 있는 인공지능을 의미한다. 단순히 객관적인 데이터를 분석하고 논리적으로 판단하는 수준을 넘어 인간의 정서와 감정까지 인식하고 그 정서와 감정을 자신이 학습한 알고리즘으로 판단하고 조율할 수 있게 될 수도 있다. 나아가 이런 인공지능이 특정 분야에 국한되지 않고, 인간의 형태를 한 로봇(안드로이드라고 한다)과 결합되어 우리 옆에 존재하게 될 수도 있다. (이런 문제는 로봇을 다루는 4절에서 자세히 설명될 것이다.) 인간의 형태를 한 로봇이라고 했지만, 인간과 구분하기 어려운 형태로 우리 옆에 존재한다면 그리고 그 지능과 판단이 인간을 넘어설 수 있다면 그것은 전혀 다른 문제를 야기할 수 있다. 다행인 것은 아직 인공지능이 이런 상태로까지 발전하지 못했다는 것이다.

인공지능이 이런 상태로까지 발전한다면, 인공지능과 인간의 관계는 새로운 국면을 맞이할지 모른다.

다가오는 미래, 축복인가 저주인가

인공지능은 판도라의 상자를 여는 것인가?

레이 커즈와일(Ray Kurzweil)은 『특이점이 온다』라는 책에서 인공지능이 인간의 지능을 뛰어넘는 시기를 특이점(Singularity)이라 하고, 2045년에 그 특이점에 도달할 것이라고 주장하였다. 그 뒤 2015년 기술발전 속도를 고려했을 때 그 특이점은 2045년이 아닌 2030년으로 당겨질 수 있다고 주장하였다.

레이 커즈와일은 이렇게 AGI의 도래를 예측했지만, 그의 주장은 기본적으로 낙관적이다. 적절한 가이드 라인을 가진 인공지능을 개발할 경우 인류문명에 긍정적인 효과를 가진다고 주장한 것이다.

하지만, 이와는 반대되는 의견을 가진 사람 또한 많다. 대표적인 사람이 일론 머스크와 스티븐 호킹이다. 머스크는 "작동을 즉시 멈출 수 있는 스위치(a kill switch)를 가지지 않은 AI를 개발할 경우, 우리는 악마를 불러들이는 것과 같다."고 말한다. 스티븐 호킹 역시 이와 크게 다르지 않다: "AI를 무분별하게 개발한다는 것은 인간보다 10배, 100배, 1000배 더 뛰어난 로봇 군주의 지배 하에 놓이게 된다는 것을 의미한다."[42]

만약 이런 예측이 맞다면 인간은 영화 〈스페이스 오디세이 2001〉에서 보는 HAL 이라는 인공지능 컴퓨터가 지배하는 사회의 부분으로 전락할 수도 있다. 인공지능의 개발이 유토피아가 아닌 디스토피아를 가져오게 된다. 그렇다면 인공지능의 개발은 판도라의 상자를 여는 것과 다름없다.

정말 인공지능의 개발, 어디까지 와 있는가?

한 때 구글의 CEO 였던 에릭 스미트는 최근 〈인공지능의 시대(The Age of AI)〉라는 책을 출간했다. 이와 관련 그는 최근의 인터뷰에서 인공지능이 우리의 친구냐 혹은 원수냐(friend or foe)라는 질문에 대해 다음과 같이 말한다.[43]

"인공지능은 매우 부정확(imprecise)합니다. 이 말은 인공지능은 파트너로서는 믿음직하지 못하다는 것을 의미합니다. 인공지능은 당신이 기대하지 않는 일들도 하는 형태로 항상 변합니다. 그런 점에서 다이나믹하죠. 그리고 가장 중요한 것은 스스로 배울 수 있다는 것입니다."

에릭 슈미트의 이 말은 조금 해석을 필요로 한다.

"가장 중요한 것 중의 하나는 '당신이 원하는 것 이상'의 일을 한다는 것이다. 인공지능은 스스로 학습할 수 있기 때문에 스스로 판단해서 인간이 초기에 부탁한 것 이상의 일을 할 수 있다. 그런데 인공지능이 인간에게 해 주는 일은, 단순히 초기에 부탁한 것 이상의 일을 넘어, 인간이 전혀 원하지 않는 일일 수 있다. 또 다른 하나는 '파트너로서 믿음직하지 못하다'는 것이다. 사업을 하거나 프로젝트를 하는 경우 가장 중요한 것은 파트너에 대한 신뢰다. 때로는 그것이 전부다. 인공지능은 그런 신뢰를 제공하지 못한다. 신뢰하지 못하면 옆에 두지 않아야 할 것 아닌가? 그러면서도 슈미트는 인공지능이 우리의 일상에 가져올 긍정적인 효과에 대한 기대를 놓치지 않는다. 예컨대 인공지능을 기반으로 한 스피커 혹은 장난감이 우리 아이의 제일 좋은 친구가 될 수 있고, 혹은 인공지능을 장착한 케어로봇이, 인간이라면 할 수 없는 정도로, 노약자를 잘 돌볼 수 있다는 것이다. 어린 아이와 노약자의 새로운 친구와 같다는 말이다. 그의 결론은 그래서 다소 중립적이다.

　　"우리는 (인공지능과) 공존해야만 합니다."

무엇을 해야 하는가?

　　인공지능이 판도라의 상자를 여는 것인지 아직 판단하기 이르다. 그러나 현재까지의 발전 상태로 볼 때 이것이 양날의 칼인 것은 분명해 보인다.

　　이런 한계와 문제점을 극복하기 위해 국제사회는 인공지능 개발과 관련한 윤리지침 혹은 가이드라인을 제정하려 노력하고 있다. 앞서 언급한 편견과 차별의 흔적이 없는 빅데이터가 제공되는 것도 여기에 포함되어 있다.

　　2019년 4월 EU는 '신뢰할 수 있는 인공지능 개발을 위한 윤리 가이드라인(Ethics guidelines for trustworthy AI)'을 발표했다. 이 가이드라인은 신뢰할 수 있는 인공지능을 달성하기 위한 3가지 요소와 각 분야별 핵심지침을 제시하고 있다. 신뢰할 수 있는 인공지능이 반드시 포함시켜야 할 것으로는 다음과 같은 사실을 들고 있다.

- 인간의 기본권, 존엄성, 자율성 보장
- 기술적 견고성 및 안전성: 인공지능의 오작동에 대한 보완
- 개인 정보 및 데이터 거버넌스: 개인 데이터에 대한 사용주권
- 투명성
- 다양성, 차별 금지 및 공정성
- 사회, 환경복지
- 책임성

EU의 가이드라인은 100페이지가 넘는 방대한 문서이다. 이와는 별도로 롤스로이스(Rolls-Royce)는 알레테이아 프레임워크(The Aletheia Frtamework)라고 명명된 인공지능 윤리도구를 공개했다. 이는 신뢰와 진실의 폭로를 상징하는 그리스 여신의 이름을 딴 것인데, 특히 기업들이 인공지능 실행을 결정하기 전에 검토해야 할 32가지 요소를 제안한다. 여기에는 사회적 영향과 거버넌스, 신뢰, 투명성과 같은 요소가 포함되어 있다.[44]

이것으로 충분한가?

인공지능은 앞으로 계속해서 발전할 것이고, 이로 인해 인간의 모든

생활과 세계의 모든 영역이 매우 빠르게 바뀌게 됨은 의심의 여지가 없는 사실이다. 그리고 그 변화가 반드시 긍정적이지 않을 수 있다는 것을 이미 언급했다.

그렇다면 양날의 칼인 인공지능을 인간과 세계에 유리한 방향으로 개발하고 적용하기 위해 앞서 말한 국제적인 윤리지침을 제정하고 이것의 실행을 독려하는 것으로 충분할까?

전혀 효과가 없지는 않을 것이다. 윤리지침의 제정을 주도하고 이 실행을 독려하는 국가와 기업들은 인공지능을 이런 방향으로 개발하고 적용하려 노력할지 모른다. 하지만 각종의 헌장이나 지침 혹은 법률이 항상 그 소기의 효과를 거두는 것은 아니다. 국제법이 있지만 모든 나라가 국제법을 따르는 것은 아니지 않는가? 오히려 그 국제법의 존재가 역설적으로 국가 간의 갈등을 유발하는 요소가 될 수도 있다.

인공지능 윤리지침을 제정한 것은 결국 인공지능이 인간에게 결코 유리하지 못한, 우리가 기대하지 못한, 우리가 원하지 않는 행동과 판단을 할 수 있다는 것을 인정한 것에 다름아니다.

그러니 문제는 결국 다시 원점으로 돌아간다.

인공지능의 문제는 결국 누가 인공지능을 개발하고 만드는가, 누가 인공지능을 실제로 운영하는가, 누가 인공지능의 응용 영역을 결정하는가와 같은 문제로 귀결된다. 복잡하지만 결국 한 마디 말로 요약할 수 밖에 없다.

결국 인간이 문제다.

초연결 사회, 초감시 사회는 정말 바람직한가?

월패드(wallpad).

한국의 모든 도시, 거의 대부분의 아파트에는 조명, 난방, 환기, 카메라 등 가정내 사물인터넷을 연동하는 장치가 있다. 대개 벽에 붙어 있어서 월패드라 한다. 택배가 오거나 환기를 하거나, 조명 점등을 위해서도 월패드를 이용한다.

이 월패드가 해킹되었다. 2021년 10월, 홍콩의 한 포럼에 한국 아파트 17만 가구의 월패드를 해킹해 촬영한 사진들이 올라왔다. 검색창에 월패드 해킹이라는 단어를 치면 어느 아파트가 해킹되었는지 확인할 수 있다.

있을 수 없는 일이라는 개탄이 나온다. 틀렸다. 우리가 생각하는 이상으로 이런 일은 더 자주 일어난다.

지금 우리 한국은 초연결 사회(hyper-connected society), 정확히 말하면 거의 모든 것이 연결되는 네트워크 사회이기 때문이다.

초연결 사회는 우리에게 어떤 의미를 가지는가?

거의 모든 것이 연결되는 사회라고 하면 분명히 냉소적인 반응이 나오기도 한다. 밤마다 외로워 잠도 잘 자지 못하는데, 모든 것이 연결된 사회라니 무슨 뚱딴지 같은 소리냐는 것이다.

하지만 물어본다. 잠은 잘 자지 못하지만 스마트폰으로 밤새 유튜브나 동영상은 보지 않는가? 알바를 하러 잠실이나 압구정동으로 갈 때 버스나 지하철을 타면서 신용카드나 교통카드를 사용하지 않는가? 자기와는 다른 모습의 연예인들을 보며 인스타그램에서 혹은 페이스북에서 좋아요를 누르고 있지 않은가? 하루에 한 끼밖에 못 먹는다지만 햄버거로 한 끼를 때울 때 거기에 포함되는 감자 튀김은 어느 나라에서 어떤 경로를 통해 들어오는지는 대개 알고 있지 않은가?

조금 더 논의를 진행하면 알게 된다. 사실상 우리는 모든 것이 연결된 사회에 살고 있고, 그 연결된 정도는 앞으로 더 증가한다는 것.

디지털경제가 처음 대두할 때 사람과 사람이 핸드폰으로 연결될 수 있다는 것이 그렇게 놀라울 수 없었다. 도대체 어떻게 걸어다니면서 전화를 할 수 있단 말인가? 시간이 지나면서 사람과 사람의 연결은 사람과 사물의 연결, 그리고 사물과 사물의 연결로 발전해 나갔다. 스마트폰을 통해 집안의 모든 가전기기를 관리하는 것은 기본이 되었고, 이제 냉장고가 주변의 슈퍼와 연결되고(발전된 냉장고는 스스로 냉장고안에 무엇이 있는지 판단하고 부족한 물건이 있을 경우 미리 정해진 슈퍼로 주문을 할 수 있게 된다), 자동차는 주차하려는 빌딩의 주차장 관리 소프트웨어와 소통한다(그래서 주차장에 빈 공간이 없을 경우 다른 곳으로 이동하라는 연락을 받게 된다). 심지어는 공간을 건너뛰기도 한다. 5G 혹은 앞으로 나올 6G 통신을 이용하면 삼성은 한국에서 미국 오스틴의 반도체 공장을 원격으로 제어할 수 있을지 모른다.

이렇게 연결이 진행되면 이것은 하나의 거대한 네트워크로 발전된다. 이것이 가치를 가질까? 그렇다. 엄청난 가치를 가진다. 네트워크의 가치는 참여자 수의 제곱에 비례한다. 다들 알고 있는 메트칼프의 법칙(Metcalf's law)이다. 이 연결된 네트워크에 참여하는 사람, 사물, 그리고 뛰어넘을 수 있는 공간의 참여자 수가 증가하는 한, 이 네트워크의 가치는 그 제곱에 비례한다. 그러니 지금도 그렇지만, 앞으로 더욱더 우리는 이 초연결 사회의 네트워크를 벗어날 수 없다.

초연결 사회와 ICBM

초연결 사회는 우리 사회를 어떻게 변화시킬까? 무기체계에 있어서의 ICBM(Inter-Continental Ballistic Missile: 대륙간 탄도 미사일)과 같다. 무슨 말일까?

다가오는 미래, 4차 산업혁명이 진행된 사회에서 초연결 사회는 이 ICBM과 밀접한 관계를 가진다. 하지만 여기서의 ICBM은 대륙간 탄도 미사일이 아니라 각각, Internet of Things, Cloud, Big Data, Mobility의 약자를 딴 것이다. 초연결 사회의 기저를 이루는 것, 혹은 초연결 사회와 함께 발전해 가는 것, 더 나아가 초연결 사회가 가장 많은 영향을 미치는 것이 이 ICBM이다.

사물인터넷(Internet of Things)은 사람, 사물, 공간을 유기적으로 연결하는 기술 혹은 시스템이다. 초연결의 알파이고 오메가이다. 클라우드는 초연결의 네트워크가 아니면 발전할 수 없는 현상이다. 클라우드가 정말 중요하냐고? 빌게이츠의 마이크로 소프트를 기억할 것이다. 윈도우라는 컴퓨터 운영체계(OS: Opersation system)와 오피스(Office)라는 소프트웨어를 개발함으로써 일세를 풍미한 기업이다. 그러나 스마트폰의 시대에 접어들면서 망하지 않을까 싶었는데, 애저(Azure)라는 클라우드 서비스를 개척함으로써 다시 일어섰다. 클라우드는 OS보다 힘이 세다(자세한 것은 1부 2장을 참고). 빅데이터가 왜 중요한지는 새삼 말할 필요가 없다. 4차 산업혁명 시대, 기업과 산업의 경쟁력을 결정하는 기본 요소이다. 모빌리티(Mobility: 이동성), 역시 연결된 사회와 함께 발전해 나갔다. 디지털경제에서 첫 번째 이동성의 시대는 아이폰이 출시된 2007년을 기점으로 한다. 어디를 가든, 언제라도 스마트폰만 가지고 있으면 인터넷에 접속이 가능했다. 두 번째 이동성의 시대는 지금 다가오고 있다. 필자는 자율주행차를 두 번째 이동성의 시대를 여는 IT 기기라고 생각한다. 자율주행차는 자동차라기보다는 달리는 컴퓨터에 가깝다. 그러니 이 새로운 ICBM은 초연결 사회의 토대이자, 함께 발전하는 동지이자, 서로 영향을 주고받는 선후배이다.

　이런 초연결 사회는 개인에게 아무런 영향이 없는가?

초연결 사회와 제3의 세계화

　세계화(globalization, internationalization)는 연결을 필요로 한다. 연결되지 않으면 영향력을 행사할 수 없고, 발전할 수도 없으며, 새로운 역사를 만들 수도 없다. 경제사를 돌이켜 볼 때 두 번의 세계화가 진행되었고, 이제 세 번째 세계화가 진행되고 있다.

　경제사적 관점에서 볼 때 세계화는 크게 세 단계로 구분할 수 있다.[45] 첫 번째 세계화는 19세기 이후 구미 선진국이 아시아와 아프리카 그리고 중남미를 식민지로 삼았던 시기, 즉 국가에 의한 세계화의 시기를 말한다. 이 세계화는 1차 산업혁명을 계기로 경제적 강국으로 등장한 국가에 의하여 일방적으로 시행된 것으로, 제국주의 국가의 식민지화가 이런 성격을 대변하는 것이다. 그래서 이 시기 세계화의 성격은 수탈과 강압이라고 할 수 있다.

　두 번째 세계화는 20세기 들어서 기업에 의해 주도된 세계화를 의미한다. 첫 번째 세계화가 국가에 의해 주도된 것이라면 두 번째 세계화는, 2차 산업혁명에 힘입어, 다국적기업에 의해 주도된 것이다. 이들 기업은 국가라는 장벽을 넘어서 자신들의 사업영역을 확대해 나갔다. 이 시기의 세계화는 기업이 주된 매개체라는 점에서 첫 번째 세계화와 같은 수탈과 강압의 성격은 그리 강하지 않았다. 하지만, 이윤추구라는 기업의 냉혹한 속성이 작동하지 않을 수 없었다. 선진기업의 개도국에 대한 투자, 혹은 같은 선진국 사이의 투자라는 외형을 띠면서 이들은 국가가 가지는 힘을 무력화시켜 나갔다.

세 번째 세계화는 인터넷과 IT를 매개로 한 세계화를 의미한다. 이런 세계화는 그 이전의 세계화와는 달리, 3차 산업혁명에 힘입어, 개인이 세계화의 주체로 등장한다. 실물공간과는 구별되는 온라인 공간, 혹은 사이버공간에서 개인들은 그 이전과는 비교할 수 없는 자유를 누리면서 자신들의 영역을 확대해 나가기 시작한다.

4차 산업혁명은 이러한 개인에 의한 세계화를 더 가속화시키는 유인으로 작용한다. 과거, 국가나 기업이 하던 일들을 이제는 개인이 초연결 사회의 네트워크를 통해 할 수 있게 되었다. 공급이 수요를 결정하는 것이 아니라, 수요가 공급을 결정하게 되고, 소비자는 단순한 상품 소비처가 아니라 기업과 함께 상품을 만드는 주체로 등장하게 된다. 독창적인 아이디어가 있으면 3D 프린팅과 초연결된 네트워크를 통해 1인 기업의 형태도 가능하게 되었다. 초연결성을 바탕으로, 좁은 특정지역이 아니라 전 세계를 대상으로 경제행위를 할 수 있게 되었다. 역기능도 없지 않지만, SNS 공간에서 개인은 기업이나 국가에 맞먹는 정보의 자유화, 영향력의 자유화라는 현상을 경험하게 된다.

그 결과 인류 역사상 최초로 개인은 개별자 혹은 단독자로 표현될 수 있는 주체적인 지위를 획득하게 된다. 혹은 그런 지위를 인지하고 활용하지 않으면 생존하거나 성공하는 것이 불확실하게 되었다. 철학적 혹은 정신사적 차원, 나아가 경제적 영역에 이르기까지 개인이 개별자 혹은 단독자의 지위를 가지게 된 것은 이 시기가 처음이라고 할 수 있다. 이런 개별자 혹은 단독자의 지위가 가능하게 된 것이 바로 초연결 사회의 가장 큰 특징이다. 이는 개인이 앞으로 다가올 미래 사회에서 어떤 태도로 살아가야 할지를 강하게 시사하는 것이다.

초감시 사회의 대두[46)

2019년. 홍콩에서 정치 사회적 갈등이 절정에 달할 무렵의 일이다.

홍콩의 시위대가 반드시 챙겨야 할 물건으로 마스크와 우산이 거론되었다. 왜 마스크와 우산이 필요할까? 경찰 카메라나 거리 곳곳 (특히 스마트 가로등)에 설치된 CCTV에 사진이 찍히는 것을 피하기 위해서다. 사진에 얼굴이 드러나게 되면, AI를 활용한 안면인식 기술에 의해 순식간에 신원이 드러나기 때문이다. 홍콩 정부가 시위를 막기 위해 꺼낸 법안도 '복면 금지법'이다. 복면을 쓰지 않으면 누가 데모를 하는지 알 수 있다는 것이다. 데모를 막기 위해 한다는 조치가 복면을 쓰지 말라는 것이니, 아이러니도 이런 아이러니가 없다. 홍콩의 일부 시위대 역시 바보가 아니다. 홍콩 정부의 이런 조치에 대응하기 위해 이들은 본격적인 시위 행위를 시작하기 전에 CCTV와 스마트 가로등을 부수기도 했다.

그 아버지에 그 아들. 홍콩의 이러한 태도는 중국을 그대로 닮은 것

다가오는 미래, 축복인가 저주인가

이다.

2012년, 세 명의 중국 대학원생은 베이징의 중관촌에서 안면인식 인공지능 관련 스타트업인 메그비(Megvi, 광시(曠視))를 설립했다. 이들이 개발한 안면인식 알고리즘 'Face++'는 그 당시 가장 정확한 안면인식 알고리즘이었다. 애초에 이 기술은 기업들의 안면인식 결제 시스템의 토대로 작용했지만, 중국 공안부 역시 이 기술에 관심을 가졌다. 그 결과 중국 공안은 천망[47](天網: 도시를 중심으로 한 시스템)과 설량(雪亮: 향촌지역을 중심으로 한 감시 시스템)이라는 결과물을 만들어 내었다.

천망(天網). 중국어로는 텐왕이라 불리는 이 시스템, 하늘의 그물이라는 의미를 가진 이 시스템은 범죄 용의자 추적을 위해 만들어졌다. 2015년 당시 중국 공안부는 2020년까지 전국에 완전한 영상 감시 시스템을 구축하겠다고 발표했다. 그 목표는 어떨까? 이 천망의 목표는 약 2억 대의 CCTV를 통해 다양한 안면인식 데이터베이스를 구축하여 13억 중국인 얼굴을 누구라도 3초 안에 90%의 정확도로 식별하는 것이었다.[48] 성과는 있을까? 안면인식, 빅데이터, 인공지능의 딥러닝 기술이 포함된 이 시스템의 성과는 놀라웠다. 2018년 장시성 난창에서 열린 콘서트, 그 곳에 참석한 5만 명 중에서 수배 중이던 남성을 정확히 찾아내어 검거한 것이다.[49]

홍콩이 그 아버지 격인 이런 시스템을 방관할리야 없지 않은가?
이것이 단지, 지금 홍콩과 중국 만의 일일까?

디지털 파놉티콘(panopticon)의 사회

　　영국의 철학자 제러미 벤담은 1791년 판옵티콘, 혹은 파놉티콘이라는 원통형 모양의 교도소를 만들자고 제안했다. 파놉티콘이라는 용어는 그리스어로 모두를 뜻하는 pan과 보다를 뜻하는 opticon을 합친 것이다. 교도소 중앙에 교도관이 자리한 건물을 짓고 중심부를 어둡게 하면, 교도관들은 자신의 행동을 드러내지 않은채 수감자들을 감시할 수 있다는 것이다. 프랑스의 철학자 미셸 푸코는 이 개념을 사회 전체로 확장했다. 〈감시와 처벌(Discipline and Punish)〉이라는 책에서 '모든 동료가 감시자가 되는 자발적 감시 사회'의 도래를 예측했다.

　　찾아보면 이런 감시 사회의 도래를 예측한 것이 한 둘이 아니다.[50] 빅 브라더의 도래와 출현을 양치기 소년처럼 외치는 것은 정말 많다. 우리는 지금 이런 감시 사회 혹은 빅 브라더의 도래를 두 눈으로 보고 있다. 박민희는 이것을 디지털 법가라는 이름으로 부르고[51], 많은 사람들은 디지털 감시사회, 감시 자본주의 사회 혹은 초감시 사회라고 부르고 있다.

　　이런 초감시 사회의 첨병은 안면인식 시스템이다. 그리고 이것을 뒷받침하는 것은 앞에서 설명한 개인정보를 모은 빅데이터, 이 데이터를 이용해 사람을 가려내는 공부를 할 수 있는 인공지능, 그리고 어디서든 입수 가능하고 어디든지 설치할 수 있는 CCTV 등이다. '등'이라는 표현을 사용한 것은 초연결 사회의 모든 연결 모드에는 데이터가 존재하고 그것이 개인과 관련될 경우, 의도하건 의도하지 않건, 사람의 일거수 일투족을 감시하는 기능을 수행하기 때문이다.

사실 안면인식 시스템은 양날의 칼이다.

안면인식 시스템을 위해 거리 곳곳에 설치된 CCTV는 범죄자의 추적을 용이하게 하고, 그래서 범죄 발생을 감소시키는 효과를 발휘한다. 하지만, 그와 같은 정도로 의도치 않게 개인의 사생활을 하나 하나 파악하는 효과도 발휘한다. CCTV만 있다고 이런 시스템이 발전하는 것은 아니다. 카메라에 노출된 사람이 누구인지 파악하기 위해서는 개인정보의 확보가 필수적이다. AI를 통해 누구인지를 파악하기 위해서는 개개인에 대한 정보가 필요하기 때문이다. 개인정보 누출이나 사생활 보호에 민감한 서구 사회에서는, 바로 이런 문제 때문에 안면인식 시스템에 호의적이 아닌 분위기도 감지된다. 하지만, 중국에서는 이에 대한 문제의식이 아직 높지 않다.

감시를 벗어날 수 있을까?

누군가는 말한다. 초연결 사회의 초감시는 있을 수 있는 일이 아니냐고? 그들이 예시하는 것은 주로 코로나 판데믹으로 인한 방역의 효율성에 대한 것이다. 사실 초연결과 초감시의 수단이 공공적인 목적으로만 사용될 수 있다면, 방역의 목적을 위해 동선을 추적하고 제한된 범위에서나마 정보를 공개하는 것이 공공의 복리에 기여할 수 있다. 모르는 바 아니다.

CCTV에 대한 태도를 보자. 공익을 위해, 억울한 피해자 방지를 위해, 혹은 효율적인 방범을 위해, 모든 곳에 CCTV를 설치하는 것이 바람직할 수 있다. 그럼으로써 인건비와 시설비를 줄일 수 있고 소기의 목적을 달성할 수도 있다. 하지만, 그렇게 해서 모인 정보가 본래 의도한 대로 시간이 지나면 저절로 소멸되고, 그로 인해 개인정보의 누출은 일어나지 않을 것인가?

그렇지 않다는 것을 모두들 알고 있다.

이 모든 것은 초연결, 초감시 사회에서 개별자 혹은 단독자로 표현되는 개인에 어느 정도의 가치를 부여할 것인가에 달려있다. 세계화의 관점에서 보면 개인은 국가와 기업을 능가하는 새로운 세계화의 주체로 올라설 수 있지만, 꼭 같은 정도로 개인은 디지털 파놉티콘 사회의 저렴한 객체로 전락할 수도 있다.

무엇을 선택할 것인가?

문제는 '무엇을 선택할 것인가' 하는 점이다.

당신은 자신이 이 초연결, 초감시 사회에서 어떤 존재로 자리하기를 바라는가? 국가와 기업을 능가하는 슈퍼 플레이어가 되기를 원하는가, 그렇지 않으면 CCTV의 피사체로서, 안면인식 프로그램의 대상이 되어, 혹은 해킹의 피해자로 전락하여, 저렴하고 진부한 감시대상이 되기를 원하는가?

서두에 인용한 아파트 월패드의 해킹문제. 월패드의 카메라에 포스트잇을 붙이는 형태로 개인 한 사람, 한 사람이 조심하는 것으로 충분할까? 그렇지 않다. 임시방편이다. 더 나아가 비밀번호를 수시로 변경하는 것으로도 충분하지 않다. 홈 네트워크의 세대간 망분리를 의무화하고, 시스템의 보안상태를 철저히 점검하고 수시로 업그레이드 하는 것이 필요하다. 우습지만 이것은 기본이다.

그러니 아무리 생각해도, 이 초연결의 사회에서 우리가 나아가야 할 방향은 하나밖에 없다. 진부한 조건을 달지 말고, 전자(前者)를 택해야 한다.

국가와 기업을 능가하는 개별자 혹은 단독자로 살아가야 한다.

그러니 초연결, 초감시 사회를 향해 하고 싶은 말은 이것밖에 없다.

끊임없이 일어나라, 그리고 부단히 항의하라!

메타버스(가상사회)로의 이동은 무엇을 의미하는가?

포켓몬(pocketmon). 혹은 포켓 몬스터 게임.

'아 오래 전의 게임이지'라고 말할지 모르지만 '이게 뭐지?' 하고 반문하는 사람은 드물 것이다. 증강현실을 기반으로 한 게임. 스마트폰을 들고 포켓 몬스터를 잡으러 동분서주하던 경험을 많은 사람들이 가지고 있을 것이다.

증강현실(augmented reality)? 어렵지 않다. 사용자가 (스마트폰을 통해) 보고 있는 환경에 가상의 정보를 나타내는 것을 의미한다. 이제는 가 보기 어렵게 되었지만, 뉴욕의 센트럴 파크를 지나다 고층 건물이 즐비한 거리에 스마트폰을 대면 우습게도 다양한 상점의 쿠폰이나, 그 지역의 명칭 혹은 맛집에 대한 정보가 스마트폰에 뜰 때가 있었다. '아 신세계구나' 하고 감탄하던 기억이 남아 있다.

가상현실(virtual reality)이란 증강현실과 달리 현실에서 존재하지 않

다가오는 미래, 축복인가 저주인가

는 환경이나 사물을 디스플레이와 같은 IT 장비를 이용하여 사용자가 실제로 볼 수 있게 해 주는 것을 말한다. 증강현실과 달리 가상현실을 보는 사용자는 실제 환경을 볼 수 없다. 디스플레이와 같은 IT 장비의 대표적 주자가 오큘러스가 개발한 오큘러스 리프트(Oculus Rift)다.[52][53]

이제 이런 증강현실이니 가상현실이니 하고 구분하는 것이 의미가 없게 될 수도 있다. 이 양자가 상호 작용하면서 새로운 세계, 새로운 우주를 만들어 내고 있기 때문이다. 무슨 말이냐고? 메타버스 이야기다.

메타버스, 정말 새로운 것인가?

메타버스(Metaverse)는 가상, 초월이라는 의미를 가진 메타(Meta)와 우주를 의미하는 유니버스(Universe)가 합쳐진 말이다. 그러니 메타버스의 사전적인 의미는 가상우주 라고 할 수 있다. 하지만, 현실과 비현실이 함께 존재하는 생활형, 게임형 가상 세계라는 표현이 더 정확할 수 있다. 이 메타버스에서는 위에서 설명한 증강현실과 가상현실이 복합적으로 상호 작용하면서 확장현실을 만들어 낸다.

여기서 다소 심각한 질문을 던진다. 가상세계로 표시될 수 있는 그런 세계가 정말 처음인가? 달리 말하면 메타버스는 정말 새로운 것인가? 결론부터 말하면 그렇지 않다.

엄밀히 말하면 메타버스라는 용어가 만들어지기 전에도 이런 가상세계가 없었던 것은 아니었다. 가장 대표적인 사례는 세컨드 라이프 닷컴

(secondlife.com)이라는 웹사이트의 존재이다. 이 사이트에서는 린던 달러 (Linden Dollar)라는 가상의 통화가 존재하고 심지어 현실의 달러와 교환도 가능했다. 또, 린던 달러를 통해 사이트 내의 부동산을 구입하고 이를 바탕으로 다양한 사업을 할 수도 있었다. 대통령 선거가 한창일 때는 미국의 민주당과 공화당이 이 사이트에 선거운동 본부를 개설하기도 하고, 미국의 주요 대학이 이 사이트에 가상대학을 설립하기도 했다. 그 취지는 좋았지만, 가상현실과 증강현실을 구현해 내는 기술적 미숙함과 어려움 때문에 그리 오래 지속되지는 못했다. 이 사이트 내에서 자신을 대표하는 아바타가 자유롭게 활동하기에는 많은 제약이 있었기 때문이다.

메타버스는 그 성격상 세컨드 라이프 닷컴과 유사하다. 단, 메타버스 내에서 아바타의 성격, 아바타 활동 영역, 현실 세계와의 연결 정도는 세컨드 라이프 닷컴과는 비교할 수 없을 정도다. 말 그대로 하나의 새로운 세계라고 할 수 있다.

다양한 메타버스 플랫폼

현재 메타버스의 주요 플랫폼은 미국에 집중되어 있다.

미국의 가장 대표적인 메타버스 플랫폼은 로블록스다. 로블록스는 게임계의 유튜브로 불리고 있다. 모든 종류의 게임을 망라하고 있으며, 게임만 5,000만 개가 넘는다. 이 로블록스에서는 자신의 아바타를 통해 새로운 게임을 만들 수 있다. '로블록스 스튜디오'라는 프로그램이 있기 때

다가오는 미래, 축복인가 저주인가

문이다. 여기에는 로벅스(Robux)라고 불려지는 가상화폐가 있고, 자신의 아바타를 꾸미기 위해서는 로벅스로 복장과 같은 장비를 구입해야 한다. 월간 방문자 수는 1억 9,000만 명을 상회하고 있으며, 한국인의 이용도 늘고 있다. 만반잘부(만나서 반가워, 잘 부탁해)라는 한국어를 만나는 것도 전혀 불가능한 일은 아닐 것이다.[54]

한국의 대표적인 메타버스 플랫폼은 단연 네이버가 운영하는 제페토이다. 2018년에 출시한 것이지만 현재 전 세계적인 가입자 수는 2억 명을 넘는다. 아쉬운 사실인지, 그렇지 않은지는 모르지만, 이용자의 80%는 10대이다. 로블록스가 게임형 메타버스라면 제페토는 생활형 메타버스이다. 두 곳 모두 아바타가 중요하지만 로블록스에서는 주된 활동이 게임이라면 제페토의 주된 활동은 일상적인 생활이다. 이 생활형 메타버스에는 그 생활을 매개로 많은 경제활동이 이루어진다. 당연히 많은 기업들이 입주한다. 현대모비스는 제페토를 이용하여 신입사원들의 연수를 진행했다. 신입사원들은 제페토에 사신의 아바타를 만든 뒤, 조별로 가상 공간 속에서 연수를 진행해 왔다. 하나은행, 역시 여기에 하나글로벌 캠퍼스를 열었다. 은행장은 자신의 아바타를 만들어 아바타로 참석한 신입행원들과 기념사진을 촬영하기도 했다. 명품 브랜드 구찌와 크리스챤 디오르도 제페토에 상점을 개설했다. 놀라운 것은 이 가상상점에 진열된 상품이 팔리고 있다는 것이다. 그것도 빠른 속도로. 그러니 다양한 대학교가 여기에 가상의 캠퍼스를 열어 신입생 입학식과 환영회, 심지어는 연고전과 같은 스포츠 행사를 여는 것도 결코 이상한 이야기는 아니다.

도대체 왜 메타버스에 열광하는가?

메타버스를 세컨드 라이프 닷컴을 잇는 가상현실의 새로운 버전의 형태로만 이해하면 지금 전 세계를 열광으로 몰아넣고 있는 메타버스를 정확히 이해하지 못한 것이다. 도대체 메타버스는 무엇인가? 페이스북 CEO인 마크 저커버그의 말을 인용하는 것이 그 열광의 정도를 나타내기에 제일 적절한 것 같다. (Newton (2021).

"메타버스는 차세대 플랫폼이다(the next set of platforms)."

그는 메타버스를 단순한 가상현실의 새로운 버전으로 이해하는 것이 아니라 그것을 뛰어넘은 새로운 플랫폼으로 정의한다. 그의 언급을 거칠게 줄이면 다음과 같다: 1세대 플랫폼은 인터넷을 기반으로 한 것이고, 2세대 플랫폼이 모바일 인터넷을 기반으로 한 것이라면 3세대 플랫폼은 메타버스를 기반으로 한 것이다. 이런 언급을 바탕으로 그는 페이스북을 SNS 회사에서 메타버스 회사로 변모시킬 것이라고 주장한다. 이런 주장은 메타버스를 강조하는 하나의 수사로 이해될 수도 있다. 하지만, 그는 2021년 10월, 페이스북이라는 회사의 명칭을 전격적으로 메타로 변경하고 말았다. 물론, 까마귀 날자 배 떨어지는 격으로 페이스북 내부의 고발로 인한 위기를 모면하기 위한 것이라는 지적이 없지는 않다. 그러나 메타버스에 대한 그의 일관되는 관심과 열정은, 회사의 명칭 변경을 통해, 회

다가오는 미래, 축복인가 저주인가

사 자체의 성격을 변화시키는 데 있다는 것을 쉽게 이해할 수 있게 한다.

그는 체화된 인터넷(embedded internet)이라는 용어를 사용한다. 아침에 일어나 저녁에 잠자리에 들기까지 우리가 상상할 수 있는 모든 일을 할 수 있는 장소 혹은 광장이 메타버스이고, 그런 의미에서 메타버스는 체화된 인터넷이다. 그는 메타버스를 통해 사용자가 느낄 수 있는 것과 메타버스에서 가장 중요한 것 중의 하나가 일종의 현장감(a sense of presence)이라고 주장한다. 비대면의 시대, 마치 회의나 강의, 연설, 선거운동의 현장에 있는 듯한 느낌을 메타버스를 통해 제공할 수 있다는 것이다. 쉽게 말해, 가상현실과 증강현실의 발전은 이런 현장감을 가능하게 하고, 이 현장감이 아바타가 다양한 일을 할 수 있는 공간, 즉 플랫폼으로 연결된다면 세상은 새로운 차원으로 접어든다는 것이다.

결론은 이렇다. 마크 저커버그가 꿈꾸는 것은 단지 새로운 가상현실을 업그레이드 하는 것이 아니라, 모든 사람이 현재 하는 일을 할 수 있는, 혹은 그보다 더 한 일도 할 수 있는, 새로운 가상사회를 만드는 것이다. 그리고 지금 페이스북이 SNS의 주도권을 쥐고 있는 것처럼, 메타 라는 회사가 그 가상사회의 주도권을 쥐고 싶다는 것이다.

떠 오르는 영화 아바타의 세계

이 쯤에서 2009년에 개봉한 제임스 카메론 감독의 영화 아바타를 이야기하고 싶다. 보지 못한 분은 여러 경로를 통해서라도 한 번 보기를 권한다. 내가 하고 싶은 이야기는 이 영화의 마지막 부분이다. 나비족 형태의 아바타를 통해 처음에는 나비족들을 설득하려 했지만, 그것이 잘못이라는 것을 알자, 제이크 설리(샘 워싱턴 분)는 불편한 다리를 가진 자신의 육체를 벗어나, 인간의 육신에서 나비족의 육신으로 이전한다. 즉 부활한다.

무엇을 말하고 싶은 것일까? 그렇다. 현실과 가상세계가 뒤섞이고 어느 것이 진짜 현실인지 알 수 없는 상태에서 제이크 설리는 우리가 현실이라고 생각하는 자신의 육체를 버리고 나비족 형태를 가진 아바타로 자신의 영혼을 옮겨간다. 그에게는 나비족인 아바타가 가치를 가지는 현실이고, 불편한 다리를 가진 실제라고 생각하는 현실은 과거의 머나먼 꿈이 되고 말았다.

미국 LA의 어느 변두리에서 피곤하게 살아가는 노숙자가 메타버스 세계에서는 왕으로 대접받는 아바타를 가지고 있다면, 그는 어디에서 살기를 원할까? 너무 앞서 나가는 것이 아니냐는 비판이 나올 수 있다. 조금 차원을 달리한다면, 젊은 청년 아니 40대의 남성까지도 밤을 세워 게임을 하는 이유가 무엇이라고 생각하는가? 우리가 현실이라고 부르는 이 2021년 한국이나 미국의 사회에서 인정받지 못하고 대접받지 못하는 현실이, 게임에서의 승리를 통해 보상받는다면, 당신이라면 어느 세계를 택하고 싶은가?

위에서 본 바와 같이 로블록스라는 메타버스 게임 회사가 열광의 도가니에 빠지게 된 것은 결코 우연이 아니다.

도대체 사는 것이 무엇인가?

작은 결론을 말하자. 현실에서 자신이 누리는 기쁨보다, 메타버스에서 자신의 아바타가 누리는 기쁨이 더 크다면 누구라도 그 아바타의 세계로 가지 않겠는가? 최소한 그 아바타의 세계로 가는 그 시간을 위해, 이 지긋지긋한 현실 세계의 괴로움과 피로를 이겨내는 것이 아니겠는가?

마크 저커버그는 메타버스 세계에서 압도적 지위를 통해 또 하나의 권력과 돈을 장악하려 할지 모른다. 하지만, 조금만 눈을 돌려 미래의 세계를 본다면 우습지만 너무 진지한 하나의 질문에 마주할지 모른다.

도대체 사는 것이 무엇인가?

내가 나비의 꿈을 꾸고 있는가, 아니면 나비가 내가 되어 이 현실을 살아가고 있는가?

로봇을 어떻게 보아야 할 것인가?

요즘 어느 웹사이트이건 정보 열람을 위해서는 회원 가입을 요구한다. 어쩔 수 없이 회원 가입을 위해 빈칸을 채워가다 보면 엉뚱하게 다음과 같은 질문이 창에 뜬다. "당신은 로봇입니까?"

당신은 로봇입니까?

질문의 요지는 회원 가입을 하는 당신이, 웹사이트 정보를 얻기 위해 알고리즘을 장착한 로봇의 형태로, 무작정 자신의 웹사이트로 오지 않았냐는 것이다. 쓰디쓴 미소를 지으며 아니라고 답하면 다음과 같은 질문이 다시 떠오른다. 여러 개의 타일에 사진을 가득 채운 화면을 보여주면서, 도로 혹은 전봇대 혹은 자동차가 포함된 타일을 다 클릭하라고 한다. 이쯤 되면 실소가 그치지 않는다. 이렇게 묻는 알고리즘이 바로 로봇의 일종이기 때문이다. 지금 우리는 로봇에게 로봇이 아니냐는 질문을 받고 있다.

그런 시대에 살고 있다.

그러니 로봇은 미래의 상품이 아니라, 지금 우리 옆에 와 있다.

문제는 어느 정도로 와 있으며, 어떤 형태로 와 있는가 하는 점이다. 이런 문제에 대한 검토가 있어야 로봇을 어떻게 볼지 논의할 수 있다.

로봇은 어느 정도 우리 옆에 와 있는가?

로봇은 크게 산업용 로봇과 서비스용 로봇으로 나눌 수 있다. 산업용 로봇은 말 그대로 산업과 기업의 현장에서 사용되는 로봇을 말하며, 서비스용 로봇이란 서비스 산업에서 이용되는 로봇을 말한다. 지금 현재 우리 옆에 와 있는 로봇은 산업용 로봇이 60%, 서비스용 로봇이 40% 정도를 차지하지만, 시간이 지날수록 서비스용 로봇의 비중이 늘고 있다.

2018년 현재 242만 대의 산업용 로봇이 전 세계적으로 사용되고 있으며, 2022년까지는 약 400만 대에 가까운 산업용 로봇이 기업의 현장에서 사용될 것으로 보인다.[55] 시간이 지날수록 산업용 로봇의 보급은 확대될 수밖에 없는데, 이런 산업용 로봇의 보급 확대는 인력을 대체하는 방향으로 나갈 수밖에 없다. 쉽게 말해, 산업용 로봇은 실업률을 증가시키는 결과를 가져온다. 그러면 어느 나라에서 이런 산업용 로봇을 가장 많이 사용하고 있을까? 혹자는 우주 소년 아톰을 연상하여 일본이라고 말하거나, 아직 세계 경제에서 큰 힘을 발휘하는 미국이라고 말할지 모른다. 하지만 2018년을 기준으로 할 때 다음 그림에서 보는 바와 같이 중국이 압도적이다.

[단위: 천개]

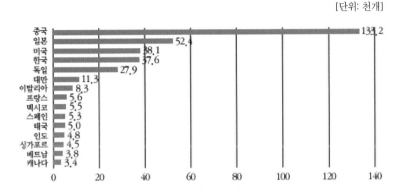

〈도표〉 주요국의 산업용 로봇 공급대수, 2018 연말기준,
IFR(2019)의 자료를 졸저(2020)에서 재인용

4차 산업혁명을 다루는 이 책의 여러 주제에서 중국은 자주 등장한다. 여러모로 중국을 다시 보아야 할 때다.

다른 질문을 던져보자. 그러면 제조업 노동자 1만명 당 로봇 보급이 가장 높은 나라는 누구일까? 중국? 아니다. 놀랍게도 한국과 싱가포르다. 2016년의 경우 한국은 631대, 싱가포르는 488대를 기록하여 가장 높은 순위 1, 2위를 기록하고 있는데, 2018년의 경우에는 각각 싱가포르

다가오는 미래, 축복인가 저주인가

831대, 한국 774대를 기록하여 그 순위가 역전되고 있다. 2018년의 경우, 유럽의 제조업 노동자 1만명 당 로봇 배급 대수는 114대, 미주 평균은 99대, 아시아 평균은 91대를 나타내고 있다.

　　이런 사실은 로봇의 보급 대수가 높을수록 소위 말하는 공장 자동화율도 높아지고, 이에 따라 공장의 생산성도 향상될 가능성이 높아지지만, 그와 같은 비중으로 로봇이 사람의 일자리를 대체하는 속도도 그만큼 더 빨라질 수 있음을 의미한다. 후자를 더 눈여겨 본다면 한국과 싱가포르는 로봇으로 인한 실업증가의 가능성이 더 높음을 의미한다.

로봇은 어떤 형태로 우리 옆에 와 있는가?

　　서비스 로봇은 전문서비스 로봇, 가사서비스 로봇, 오락서비스 로봇으로 다시 나누어진다. 전문서비스 로봇이란 말 그대로, 물류, 의료, 전투, 안내, 야외 로봇 등 전문적인 서비스를 제공하는 로봇을 의미하고, 가사서비스 로봇이란 청소, 노약자 케어 등 가사를 담당하는 로봇을 말하고, 오락서비스 로봇이란 게임의 연장선상에서 오락서비스를 제공하는 로봇을 말한다.

　　2022년을 전후하여 어떤 로봇이 가장 많이 보급될 것 같은가? 오락서비스 로봇? 아니다. 가사서비스 로봇이다. IFR의 연구에 따르면 2022년을 전후하여 전문서비스 로봇은 약 102만 대, 가사서비스 로봇은 약 6,110만 대, 오락서비스 로봇은 약 590만 대가 보급될 것으로 예측한다.

전망과 예측은 바뀔 수 있다고 하지만, 가사서비스 로봇의 보급이 압도적이라는 것은 숨길 수 없다. 오락서비스 로봇의 10배, 전문서비스 로봇의 60배를 넘는다.

청소와 빨래를 담당하는 로봇, 요리를 담당하는 로봇, 무거운 짐을 운반하는 로봇, 노약자 혹은 병자를 돌보는 간호 로봇, 심지어는 외로움과 무료함을 달래주는 로봇까지 등장하게 된다. 지금도 무인 청소기의 형태로 로봇은 우리의 집 안에서 움직이고 있다. 문제는 이런 가사서비스 로봇이 로봇 청소기처럼 사각형이나 원통형으로만 보급되는 것이 아니라, 인간의 모습을 한 로봇으로 공급될 가능성이 높아져 간다는 것이다. 뒤에서 언급할 휴머노이드가 바로 그것이다. 물론 초기에는 단순한 형태로 보급될 것이고, 이런 휴머노이드는 인간과 분명히 구분될 것이지만, 2030년, 2040년을 향해 나아갈수록 인간의 형태를 한 로봇, 즉 안드로이드가 우리 주위에서 우리 가사를 도울 가능성은 높아지고 있다.

그렇다. 인간과 로봇. 한 번 깊이 생각해야 할 문제다.

로봇을 어떻게 바라보아야 할 것인가? 1 [56]

그래서 충분히 인식할 수 있을 정도로 가까이 다가온 로봇을 우리는 어떤 측면에서 바라보고 대응책을 마련해야 할 것인가? 그 방향은 다음과 같은 세 가지 측면으로 나누어 볼 수 있다.

첫째, 로봇 때문에 직업을 잃게 되는 문제를 어떻게 인식하고 어떤

다가오는 미래, 축복인가 저주인가

방향으로 대응책을 마련할 것인가?

지금 로봇이 인간의 단순 노동을 대체하는 정도라면, 앞으로는 고도의 지능을 요하는 전문 분야까지 인간을 점진적으로 대체해 나갈 것이다. 로봇과 인공지능에 의한 직업의 변화, 혹은 직업 상실 문제는 이미 익숙한 주제다.

문제는 그 대응이다. 어떻게 대응할 것인가? 이 대응책은 다시 장단기, 두 가지 방향으로 나누어진다. 장기적으로는 앞으로 20년 이런 사회를 예상하면서 어떤 방식으로 자신의 능력을 개발하고, 이에 맞추어 교육제도를 어떻게 변화시킬 것인가 하는 점이다. 단기적으로는 직업을 상실하거나 경제적 능력을 잃어버린 사람들에게 어떻게 인간의 기본적인 삶을 누리도록 할 것인가? 를 고민해야 한다. 로봇세 논쟁은 이런 고민의 일환이다.

로봇세 논쟁

로봇의 보급(특히 산업용 로봇)이 광범위하게 이루어지면 로봇은 필연적으로 인간의 일자리를 빼앗아 갈 수밖에 없다. 특히 육체노동의 정도가 심한 분야에서 이런 변화는 필연적이다. 이런 현상에 대한 대처를 두고 현재 로봇세라는 이름으로 논쟁이 진행되고 있다.

로봇세에 찬성하는 사람은 기본적으로 '로봇이 생산하는 경제적 가치에 로봇세라는 세금을 부과해야 한다'고 주장한다. 로봇이 인간의 일을 대체하면 로봇에 인간과 비슷한 정도의 세금을 매겨야 하고 그 세금을 일자리를 잃은 사람의 지원에 사용해야 한다는 것이다. 빌 게이츠가 이런 논리에 찬성하고 있다.

하버드 대학교의 래리 서머스 교수는 이런 논리에 반대하고 있다. 세금 문제는 윤리 문제와 분리시켜 생각해야 하며, 로봇세를 부과할 경우 로봇 등 새로운 기술의 혁신과 수용을 방해할 수 있다고 주장한다.

산업혁명의 초기의 기계파괴운동(Ludite Movement)처럼 로봇에 대한 저항이 본격화된 것은 아니지만, 산업용 로봇의 보급이 광범위하게 이루어질 경우 그로 인해 일자리를 빼앗긴 사람들의 저항은 충분히 생각할 수 있다. 그럴 경우 로봇세의 부과가 해결책이 될 수 있을까?

로봇을 어떻게 바라보아야 할 것인가? 2

둘째, 인간과 유사한 지능을 가지고 인간과 유사한 외형을 가진 로봇이 개발된다면 (그리 먼 미래의 이야기가 아니다) 인간과 로봇의 관계를 어떻게 설정한 것인가?

아래에서 자세히 논의하겠지만 EU에서는 인간의 권리장전과 같은 로봇의 권리장전 문제가 논의되었고, 사우디 아라비아에서는 소피아라는 인공지능 로봇에게 세계 최초로 시민권을 부여한 바도 있다. 하지만, 어떤 경우에도 인간과 로봇의 관계 설정에 대한 구체적이고 명확한 지침은 나온 바 없다. EU와 사우디 아라비아의 사례를 조금 더 자세히 살펴보자.

로봇의 권리 장전?

2017년 1월 12일 EU 의회는 인공지능을 비롯해 다양한 형태의 로봇에 관한 법을 마련하기 위한 결의안을 채택하였다. 이를 바탕으로 로봇 시민법을 제정할 계획이라고 하는데 그 결의안의 주요 내용은 다음과 같다.

법적 지위: AI 로봇을 전자인간으로 인정

킬 스위치(Kill Switch): 로봇 작동을 멈추는 버튼 장착

주요원칙: 로봇은 인간을 위협하면 안됨, 늘 인간의 명령에 복종해야 함, 로봇 역시 자신을 보호해야 함

핵심권고: EU 내 AI 기술, 윤리 기구 신설, 고용 및 조세 시스템 개편

여기서 보는 바와 같이 EU는 AI 로봇을 '전자인간'으로 인정하고 있다. 그리고 이에 따른 로봇 시민법은 다음과 같은 세 가지 원칙을 규정하고 있다: 1) 로봇은 인간을 다치게 해서는 안되며 인간이 다치도록 방관해서도 안된다, 2) 법칙 1에 위배되지 않는 한, 로봇은 인간의 명령에 복종해야 한다, 3) 법칙 1, 2에 위배되지 않는 한 로봇은 스스로를 보호해야 한다.

이런 차원에서 로봇 작동을 멈추는 킬 스위치를 장착해야 한다고 결의하고 있다. 킬 스위치. 조금 관심을 둘 필요가 있다. 로봇이 스스로 킬

스위치를 누를 이유는 없기 때문에, 인간의 이익과 편의를 위해 이런 스위치 장착을 규정하고 있다. 앞서 1장에서 설명한 바와 같이 일론 머스크는 AI의 발전에 대한 인류의 보호 장치로서 이런 킬 스위치를 거론한 바 있다. 어렵다. 이런 킬 스위치가 AI 로봇의 부정적인 영향을 없앨 수 있는 절대적인 장치가 될 수 있을까? 이런 결의안은 2017년 2월 6일 유럽의회를 통과했지만, 유럽 의회조차 여기에 대해 확신을 가지고 있지는 않은 듯이 보인다.

2017년 10월 사우디 아라비아는 인공지능 로봇 소피아에 대하여 로봇 최초로 시민권을 부여하였다. 소피아는 홍콩에 본사를 둔 핸슨 로보틱스가 제작한 휴머노이드로서 시민권을 부여받은 뒤 유엔 경제사회이사회(ECOSOC)에 패널로 등장하기도 했으며 2018년에는 한국을 방문하기도 했다. 물론 다소의 과장과 마케팅 적인 측면이 전혀 없는 것은 아니지만 인공지능을 장착한 인간 같은 휴머노이드를 만나게 될 가능성은 자꾸 높아진다.

로봇을 어떻게 바라보아야 할 것인가? 3

셋째, 인간과 로봇의 관계를 넘어 인간을 어떻게 규정할 것인가?

BT(Bio-technology)나 NT(Nano-technology)의 발전은 인간의 모든 장기를 새로운 장기, 혹은 로봇에 쓰이는 부품으로 교체하는 것을 가능하게 한다. 그 경우, 두뇌를 제외한 대부분의 장기가 BT와 IT를 이용한 부품으로 교체된다면 그 사람은 인간인가, 아닌가? 반대로, 모든 장기는 그대로 둔 채 두뇌만 인공지능과 같은 형태로 된다면, 그 사람은 혹은 그것(?)은 인간인가 아닌가? 이런 문제는 이 책의 논의 범위를 넘는 문제일 수 있다. 하지만, 이런 문제는 결코 피해갈 수 없는 문제이다.

인간과 로봇

인간과 로봇의 관계를 논의함에 있어서는 안드로이드, 휴머노이드, 사이보그와 같은 개념을 명확히 할 필요가 있다.

안드로이드는 생체기관이 없는 완전 기계의 형태를 가지지만 인간의 모습을 하고 있다. 사람과 착각하기 쉬울 정도로 사람과 비슷한 인조인간을 말한다. 영화 터미네이터에 등장한 인조인간들이 바로 이 안드로이드이다. 휴머노이드는 인간과 유사한 신체 구조를 가진 로봇을 말한다. 인간의 행동을 가장 잘 모방할 수 있는 로봇이라 인간형 로봇이라고도 한다. 안드로이드는 외형과 행동이 인간과 닮아 멀리서 보면 인간과 구별하기 어렵지만, 휴머노이드는 안드로이드와 다르게 누가 봐도 로봇임을 알 수 있다. 카이스트에서 만든 휴보, 일본의 아시모가 이런 휴머노이드이다. 사이보그는 생명체에 기계적 요소가 결합한 경우를 의미하는데, 사람의 몸에 기계장치가 결합하면 사이보그로 분류된다. 1970년대에 유행하던 600만불의 사나이가 바로 이 사이보그에 해당된다.

휴머노이드, 안드로이드라는 인간과 닮거나 비슷한 로봇이 보편화될 경우 인간과 로봇의 존재에 대한 심각한 의문이 일어날 수 있다. 예컨 대, 육체는 인간이지만 머리는 인공지능을 장착한 로봇이라면 그 존재를 사람으로 볼 것인가, 로봇으로 볼 것인가? 그 반대의 경우에도 같은 질문 이 나올 수 있다. 로봇으로 된 인공심장을 장착하고 있다면 인간인가? 혹 은 머리만 인간의 뇌를 가지고 있고 가슴 부분은 로봇과 같다면 그 존재 를 어떻게 평가해야 하는가? 영화 로보캅의 주인공이 현실에 등장하는 것이다.

이런 추이는 앞으로 IT, BT, NT의 발달과 더불어 더 심화될 수 있 다. 조금 먼 미래의 일로 볼 수 있지만 실현 가능성은 더 높아지고 있다.

과거로 미래를 평가해서는 안된다

앞으로는 어떤 일이 벌어질까?
오프라인에서 사람을 처음 만나면 어떻게 인사하는가?

"안녕하세요? 저는 구글 한국지사에 근무하는 ooo 라고 합니다."

지극히 정상이다. 하지만, 10년 뒤, 혹은 20년 뒤 공식적인 자리에서 누군가를 만난다면 이런 인사는 실례가 될지 모른다. 그때는 이렇게 이야 기하는 것이 맞을지도 모른다.

다가오는 미래, 축복인가 저주인가

"안녕하세요? 저는 구글 한국지사에 근무하는 안드로이드 ooo라고 합니다."

공상과학 같은 소리를 하지 말라는 말을 들을 수도 있다. 공상과학에서만 나온다는 그런 이야기가 우리 일상에서, 우리 주위에서 일어나고 있다. 이 장의 서두에서 말한 바와 같이, 지금 우리는 특정 사이트의 회원가입을 위해, 로봇에게 우리가 로봇이 아니라는 것을 증명하고 있지 않은가?

과거는 다가올 미래를 평가하거나 알 수 있는 수단이 아니다.

그러니, 테슬라의 CEO인 일론 머스크가 "테슬라를 AI 로봇 기업으로 전환하겠다"고 한 선언을 두고 웃을 일은 결코 아니다.

부(富)의 양극화, 사회의 양극화는 피할 수 없는 일인가?

두 가지 질문을 던진다.

당신은 지금 우리 사회 부(富)의 사다리에서 어느 정도의 위치를 차지하는가?

그리고, 그 위치는 안정적인가, 불안정적인가?

당신이 지금 상위 1%에 속하지 않고, 그 위치가 안정적이지 않다면, 어느 따뜻한 날, 당신 역시 불안정한 노동계층으로 전락할 수 있다.

불안정한 노동계층,

프레카리아트. (프레카리아트란 단어는 이탈리아어로 불안정이라는 의미를 가진 프레카리오precario와 노동계급을 의미하는 프롤레타리아트proletariat가 합해진 것이다)

다가오는 미래, 축복인가 저주인가

프레카리아트 계층의 출현

이 단어는 런던 대학교의 가이 스탠딩 교수가 2011년 그의 책[57]에서 주장한 개념이다. 이 책에 의하면 프레카리아트란 '소외되어 있고, 아노미(혼란과 무기력 자포자기의 상태)에 빠져있고, 걱정하고 분노하기 쉬운 상황에 처해있는 사람들'이다. 다시 말해 '부(富)를 누리고 사회와 유기적인 관계를 유지하는 엘리트들의 바깥에 처해있는 사람'을 의미한다.[58]

그는 현재 진행되고 있는 제4차 산업혁명을 염두에 두고 이런 개념을 제시한 것이 아니었다. 오히려 2008년 금융위기의 와중에 사회의 주류에서 밀려나는 불안정한 노동 계층을 묘사하기 위한 것이었다. 그의 말대로 2008년 금융위기 뒤 서구사회는 가진 자와 가지지 못한 자의 격차가 과거와는 비교될 수 없게 더 확대되고 있다. 하지만, 이 개념은 제4차 산업혁명 이후의 양극화된 사회를 묘사하기 위한 목적으로도 적절히 사용될 수 있다. 위에서 본 바와 같이, 프레카리아트는 불안정한 노동, 분노, 아노미, 걱정, 소외 등을 내포하고 있기 때문이다. AI의 대두로 인해 실업자가 되어버린, 혹은 실업자가 될 노동 계층을 이처럼 적절히 표현할 수 없다. 쉽게 말하면 AI 권력이 만들어 낼 새로운 사회계층이 프레카리아트라는 것이다.

0.1%와 99.9%로 나누어지는 사회

이런 예측이 서구사회에서만 이루어지고 있는 것은 아니다.

유기윤 외(2017)는 미래사회를 초양극화 사회로 묘사하면서 이 사회는 0.003 대 99.997의 사회가 될 것이라 예측한다. 이들에 따르면 상위 0.001%에는 플랫폼 소유주 계층이 포함되고, 그 다음 0.002%에는 이들 플랫폼을 활용하는 스타 (정치인, 예체능 스타) 계층이 포함된다. 나머지 99.997%는 일반 시민으로서 이들은 프레카리아트의 특징을 띠게 된다. 0.003%라는 그 정치(精緻)한 숫자의 정확성에 대해서는 말하지 않아도 좋다. 대폭 양보해서 0.1%로 늘려도 좋다. 하지만 이 비율도 과거, 10 대 90의 사회, 혹은 1 대 99의 사회에 비하면 그 양극화의 정도가 더 심화된 것이다.

왜 0.003 혹은 0.1이라는 작은 비율이 이 사회의 주류 혹은 핵심이 된다고 예측하는 것일까? 유기윤 외(2017)에 의하면 0.001%에 속하는 사람들은 플랫폼 소유주 계층을 의미한다. 지금 세계 최고의 부자, 혹은 세계 10대 부자에 속하는 사람이 누구일까? 아마존, 구글, 페이스북 같은 플랫폼을 소유한 사람은 반드시 포함된다. 너무 지나친 공상이라고 말할지 모르지만, 앞으로 10년 후 삼성전자나 SK 하이닉스가 만드는 반도체도 아마존을 통해서만 팔린다고 하면 무슨 말이 나올까?

이처럼 프레카리아트가 다가오는 새로운 사회의 사회계층이라면, 이 계층으로 드러나는 사회의 가장 큰 특징은 무엇일까? 그것은 부의 양극화. 엄청난, 매우 엄청난 규모의 부의 양극화다.

심화되는 부의 양극화

이 부의 양극화는 미래의 사회에 닥쳐올 새로운 현상일까? 그렇지 않다. 2019년에 발표한 크레딧 스위스(Credit Suisse)[59] '글로벌 부(富) 보고서'는 이미 이런 현상이 시작되었음을 보여주고 있다. 이 자료에 따르면, 상위 0.9%(여기에 해당되는 사람은 4,700만 명으로 이들은 미화 백만 달러 이상의 자산을 가지고 있다)가 전 세계 부(富)의 43.9%를 차지하고 있다. 이들이 가지고 있는 모든 자산을 합치면 158.3조 달러에 달한다. 1%도 안되는 인구가 세계 전체 부(富)의 거의 44%를 차지하고 있다.

나라별로는 어떻게 다를까? 100만 달러 이상의 자산을 가지고 있는 미국 사람들은 전체의 40%(1,861만 4천명)로 가장 높은 비중을 차지하고 있으며, 그 다음을 중국(전체의 10%, 444만 7천명), 일본(전체의 6%, 302만 5천명)이 차지하고 있다. 한국은 74만 1천명으로서 전체의 약 2%를 차지하고 있다.

백만 달러의 자산이라는 기준을 50만 달러로 완화하면 어떨까? 상위 20개국에서 50만 달러 이상의 자신을 가진 사람들을 그 자산별로 나타낼 경우, 미국은 50만 달러 이상을 가진 사람들이 80,510명으로 세계 전체의 48%를 차지하고 있다. 흥미로운 것은 중국이 두 번째로 많은 18,130명을 차지하고 있고, 그 다음을 독일(6,800명)이 뒤따르고 있다.

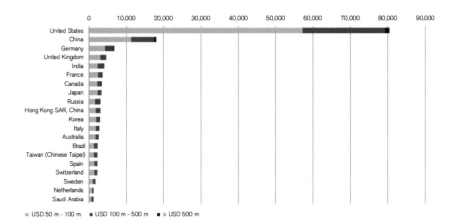

〈그림〉 상위 20개국 기준 초고소득자의 수 (단위: 명)

자료: Credit Suisse(2019), p 12의 Figure 9에서 인용.

다시 정리하자. 이런 분석들은 다음과 같은 사실을 보여주고 있다.

- 전 세계의 1%도 안되는 인구(정확히는 0.9%)가 세계 전체 부(富)의 거의 44%를 차지하고 있다
- 100만 달러 이상의 부를 가지고 있는 (소위 말하는 백만장자) 사람들은 미국이 가장 많으며, 세계 전체의 40%를 차지하고 있다. 그 기준을 50만 달러로 완화하더라도 역시 미국이 차지하는 비중이 제일 높다. 세계의 부는 미국에 편중되어 있다.
- 역설적으로 겨우 중진국 수준으로의 진입을 고심하고 있는 중국

다가오는 미래, 축복인가 저주인가

이 전통적인 OECD 국가를 넘어, 세계 백만장자 수의 10%를 차지하고 있다. 중국 역시 부(富)의 편재가 심화되고 있다.

판데믹 이후는 어떨까?

2020년 상반기, 코로나 19 판데믹이 시작된 뒤 부의 양극화는 더 심화되고 있다. 작은 실례(實例)만 들자. 스위스 UBS 은행에 따르면 2020년 4월부터 7월까지 전 세계 억만장자들의 재산은 27.5 % 늘어났다. 판데믹 사태를 극복하기 위해 전 세계 중앙은행이 막대한 돈을 풀고, 그 풀린 돈이 주식과 부동산 등 자산 가격을 천정부지로 올렸기 때문이다. 아마존의 CEO 제프 베이조스는 2020년 7월 기준 총 재산이 1,720억 달러인데, 이는 1년 새 574억 달러가 늘어난 것이다. 2021년 10월, 테슬라 CEO 일론 머스크의 재산은 인류 역사상 최초로 3,000억 달러를 돌파했다.[60]

이런 진부한 숫자가 의미가 있을까? 중요한 것은 부의 양극화가 해소되지 않으면 사회적 양극화가 발생하고, 그 양극화가 해결되지 않으면 사회적 갈등은 필연적으로 발생한다. 사회적 갈등이라는 단어는 얌전한 단어다. 역사적 용어를 빌린다면 그것은 난(亂), 혹은 민란(民亂), 혹은 내전(內戰)이 될 수도 있다.

과장이 심하다고? 세계은행은 1년 생활비로 700달러 이하를 버는 계층을 극빈층으로 생각한다. 코로나 판데믹이 발생하기 전인 2019년, 세계 극빈층은 세계인구의 8.4% 정도였다. 2015년의 10.1%에서, 9.7%(2016), 9.2%(2017), 8.7%(2018)를 기록하여 추세적으로 줄어드는 과정에 있었다. 코로나 판데믹이 발생하지 않았다면 이 비율은 2021년에는 7.5%까지 줄어들 것으로 예측되고 있었다. 그러나 코로나 발생 이후 극빈층은 이 예상치보다 2% 포인트 늘어난 9.4%에 이르고 있다.[61] 개략적으로 말해 세계 인구 10명 중 한 명은 80만원 정도의 금액으로 1년을 살아간다.

한국은 어떨까?: 동시에 진행되는 부의 양극화, 사회적 양극화

한국은 어떨까? 짐작하는 대로 예외가 아니다. 지니계수나 사회적 5분위나 1분위의 통계 숫자를 지루하게 나열하지 않아도 좋다. 한국 역시 4차 산업혁명의 시대적 흐름을 따라갈 수밖에 없고, 그래서 카카오나 네이버 같은 플랫폼 기업 혹은 플랫폼을 소유한 CEO의 부(富)는 늘어날 수밖에 없다. 판데믹으로 인한 경제위기를 극복하기 위한 막대한 화폐 공급 역시, 세계적 추세를 따라, 주식을 가진 자와 그렇지 못한 자의 자산 격차를 확대시켰다. 그 과정에서 서학개미, 동학개미와 같은 계층이 나와, 이런 세계적 혹은 한국의 경제 추세를 따라 자산을 확대하려고 노력했고, 일부는 성공하기도 했다.

그러나 장밋빛 혹은 낙관적인 이야기는 여기까지다. 무슨 말을 하고 싶은 것일까? 한국의 부의 양극화는 세계에서는 유래를 볼 수 없을 정도로 사회적 양극화와 긴밀한 관계를 가지면서 진행되고 있다.

다가오는 미래, 축복인가 저주인가

첫째, 한국적 부의 양극화는 아파트로 대변되는 자가(自家) 주택의 소유 여부와 밀접한 관계를 가지고 있다. 극히 일부를 제외하고, 한국에서 아파트를 가지지 못한 자 혹은 세대는 결코 부의 피라미드 상위를 차지할 수 없다. 판데믹 사태를 해결하기 위해 풀린 막대한 양의 돈은 비정상적으로 이런 아파트 가격을 급등시켰다.

둘째, 한국적 부의 양극화는 세대 갈등의 양상을 띤다. 이제 사회에 갓 진입하거나, 결혼을 앞둔 20~30 세대는 자신의 월급으로는 결코 이런 한국적 피라미드 상위로 진입할 수 없다는 사실을 깨닫는다. 영끌이나 혼끌을 사용하더라도 자산을 가지고 있는 부모의 도움을 받지 못한다면 평생 흙수저로 살아갈 수밖에 없다.

셋째, 한국적 부의 양극화는 지역적 갈등의 양상을 띤다. 작게는 강남과 강북의 아파트 가격 차이를 거론하지만, 크게는 수도권과 비수도권의 격차(아파트 가격 차이도 포함된다)를 거론한다. 어떤 이유로 비수도권에 거주하게 된 세대는, 다른 이유로 수도권에 거주하게 된 세대와 엄청난 자산 격차에 직면하게 된다. 사는 곳이 달랐다는 이유 하나로, 평생을 노력해도 극복할 수 없는 격차에 마주하게 된다.

수도권과 비수도권이라는 또 하나의 분단. 수도권의 식민지가 된 비수도권

경제사를 돌이켜 보면 산업혁명은, 그 시기는 예측할 수 없을지라도, 전 산업과 기업의 생산성을 향상시키고, 그것은 다시 경제 전체의 선순환으로 연결되어 노동을 제공하는 노동자 계층과 자본을 제공하는 자본가 계층 모두에게 이익이 되는 방향으로 연결되었다. 물론 돌아가는 이익의 규모에 다소 차이가 나는 것은 감수할 수밖에 없다.

그러면 4차 산업혁명이 빠르게 진행된 그 어느 날, 생산성 향상이 신문의 일면을 장식하는 그 어느 날, 우리 아들과 우리 손자는 이런 격차를 직면하지 않게 되는 것일까? 그렇지 않다. 최소한 한국의 경우 이런 빈부격차(그리고 이에 따른 사회적 격차)는, 승자독점(Winner-Take-All)의 성격이 강한 4차 산업혁명을 고려하더라도, 한국 사회가 가지고 있는 내재적이고 구조적인 측면에 더 좌우되기 때문이다.

한국에서 살아가는 사람들은 2019년이라는 해를 반드시 기억해야 한다. 전 국토의 12%에 불과한 서울, 인천, 경기 등 소위 수도권의 인구(2,596만 명)가 비수도권의 인구(2,582만 명)를 추월했기 때문이다. 언론에서 요란스럽게 호들갑 떠는 비수도권 혹은 지방의 소멸은 결코 수사(修辭)가 아니다. 벚꽃 피는 순서로 지방의 사립대학이 문을 닫게 된다는 것도 결코 과장이 아니다.

경향신문은 이런 현상을 또 하나의 분단이라는 이름으로 묘사하고 있다.[62] 남북으로 갈라진 것도 억울한데 수도권과 비수도권으로 또 갈라지다니. 강준만의 말대로 지방은 서울과 수도권의 식민지다.[63] 몹쓸 이웃 나라에 35년 간이나 식민지 노릇한 것도 분해서 죽을 지경인데, 이 분단된 나라의 비수도권은 다시 서울의 식민지가 되어야 하나?

산은 강을 건너지 못한다

4차 산업혁명이 아무리 발전한다 한들, 그것이 우리 사회의 빈부 격차, 사회적 격차를 해소하지 못한다. 아니 오히려, 정신을 차리지 않는다면, 지금 진행되고 있는 4차 산업혁명은 우리 내부의 빈부 격차와 사회적 격차를 더 확대시킬 수밖에 없다. '4차 산업혁명'이라는 산은 '격차의 해소'라는 강을 결코 건너지 못하기 때문이다.

비유로 말하는 것에 양해를 부탁한다. 그 강을 건너기 위해서는, 산을 옮길 수 없다면, 다리를 놓을 수밖에 없다. 그 다리는 무엇일까?

그것은 전적으로 향후 10년 20년 뒤 이 사회를 이끌어갈 지금의 청년들이 결정할 수밖에 없다. 공정의 다리, 분배의 다리, 기본소득의 다리가 될 수도 있고, 조금 과격하지만 여수로 대한민국의 수도를 옮기는 다리, 한국 30대 기업 본사의 전라도와 경상도로의 이전이라는 다리가 될 수도 있다.

너무 지나친 표현이라면 양해를 부탁한다. 그러나 아무리 생각해도 생각은 바뀌지 않는다.

분단이나 식민지라는 단어가 회자(膾炙)하는 한, 이 나라에, 4차 산업혁명이 아무리 진전되더라도, 미래는 없다.

비트코인과 CBDC: 돈(Money)에 무슨 일이 일어나고 있는가?

화폐, 돈, Money!

지금 우리는 매일 화폐가, 돈이 점차 사라지는 것을 경험하고 있다. 스스로의 생활을 한 번 돌이켜 보자. 버스나 지하철을 타면 대부분의 경우 카드로 요금을 지불하고, 카페에서 커피를 주문한 뒤에는 스마트폰을 이용한 각종 페이(pay)로 결제한다. 스마트폰에서 영화를 예약하거나 상품을 주문한 뒤에도 세종대왕이나 신사임당이 인쇄된 종이 돈을 이용하는 것이 아니라 플라스틱 카드나 각종 페이로 결제한다. 심지어는 매달 들어오는 자기 월급의 금액은 물론이고 그 월급에 해당되는 종이 돈을 직접 보는 사람은 그리 많지 않다. 온라인으로 통장으로 들어가기 때문에, 관심을 가지지 않으면 금액을 확인할 길이 없다. 게다가 그 통장은(기혼자의 경우) 배우자의 수중에 있다.

돈이 사라지고 있다. 정확히 말하면 우리가 지금까지 돈이라고 생

다가오는 미래, 축복인가 저주인가

각했던 지폐 혹은 동전을 사용할 일이 점점 줄어들고 있다. 신용카드가 보급되고 있다는 것을 말하려 한다고? 아니다. 더 근본적인 변화가 일어나고 있다. 비트코인으로 대표되는 가상화폐, 정확히는 암호화폐(cryptocurrency)의 등장을 말하려는 것이다.

비트코인의 등장[64]

사카시 나카모토(Satoshi Nakamoto, 이것은 필명이며 아직 정확히 누구인지 알려진 바 없다)는 2008년 10월 "Bitcoin : A Peer-to-Peer Electronic Cash System"라는 논문을 발표하며 비트코인의 개념과 가능성을 세상에 알렸다. 그리고 이에 따라 2009년 1월, 첫 블록이 만들어졌다.

비트코인이 정말 무엇이고, 왜 어떤 사람들은 비트코인에 열광하고, 왜 어떤 사람들은 이 비트코인을 백안시하는지 그 성격과 이유를 정확히 알기 위해서는 비트코인의 특성을 정확히 이해할 필요가 있다.

첫째, 비트코인은 가상의 화폐, 정확히 말하면 온라인 상에서만 존재하는 암호화폐이다.[65] 기존의 오프라인 화폐(종이 돈이나 동전)와 같이 돈을 발행하는 주체가 없이 온라인 상에서 존재하는 네트워크 화폐이다. 달리 말해, 현재 지구상에 통용되는 모든 화폐는 중앙은행이 그 가치를 보장하는 중앙집권적 화폐이지만, 비트코인의 경우 그 가치를 보장하는 중앙집권적 기관이 존재하지 않는다.

둘째, 비트코인을 만드는 중앙은행은 존재하지 않는다. 대신 네트워크 상에서 거래내역이 확인되고 그 거래내역을 확인하는 과정에서 다시 비트코인이 생성된다. 거래 내역을 확인하는 과정은 복잡한 계산과정을 거치게 되는데 이 계산과정을 진행하는 사람들을 채굴인(miner)이라 한다. 이들이 온라인 상의 복잡한 수학문제를 풀게 되면 그 대가로 비트코인이 제공된다. 이런 과정에는 매우 큰 용량의 컴퓨터가 필요하게 된다.

셋째, 비트코인의 공급량은 만들어질 당시부터 제한되어 있다. 2009년 처음 생성된 비트코인은 총 발행량이 2,100만 비트코인으로 한정되어 있다. 이것은 다음 두 가지 함의를 가진다. 중앙은행이 발행하는 화폐는 정부의 정책에 따라 무한정 돈을 풀 수 있고, 그것은 돈의 가치가 떨어지는 인플레이션으로 연결될 수 있다. 비트코인은 발행량이 제한되어 있기에 이런 인플레이션의 가능성에서 상대적으로 자유롭다. 비트코인이 2008년 세계적 금융위기 이후 각국이 무분별하게 돈을 푸는 과정에서 시작되었다는 것은 그래서 하나의 역설이다. 이런 특성은 단점도 가진다. 경제가 발전하면 경제주체 간의 원활한 거래를 위해 더 많은 화폐가 필요하게 되는데, 비트코인은 한정된 발행량 때문에 충분한 화폐를 공급하지 못할 가능성도 있다.

비트코인은 정말 화폐인가?

비트코인을 암호화폐라고 부르면 일단 화폐라고 생각하기 쉽다. 근본적인 의문을 제기한다. 비트코인은 정말 화폐인가?

경제학적 측면에서 특정 재화가 화폐로 인정되기 위해서는 1) 거래의 수단(medium of exchange), 2) 회계의 단위(unit account), 3) 가치의 저장수단(store of value)이라는 세 요건을 만족해야 한다. 비트코인은 거래의 수단 혹은 회계의 단위라는 점에서는 문제가 없다. 오락가락하기는 했지만 테슬라의 전기자동차를 비트코인으로 살 수도 있고, (대부분의 물건은 아니지만) 일상생활에서 필요로 하는 물건을 비트코인을 이용해 살 수도 있기 때문이다. 하지만, 가치의 저장수단이라는 점에서는 매우 비관적인 평가를 받고 있다. 아래의 표에서 보는 바와 같이 그 가치가 너무 큰 폭의 변동을 보이고 있기 때문이다.

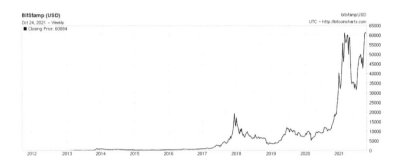

〈그림〉 비트코인의 가격 등락 추이 (출처: bitcoincharts.com)

이런 점들을 고려해서 폴 크루그만은 비트코인은 결코 화폐가 될 수 없다고 주장하고 있다. 하지만, 오스트리아 학파에서는 비트코인을 일종의 화폐라고 생각하고 있으며, 최근에는 이러한 경향이 점차 증가하고 있다.

가장 중요한 것은 비트코인에 대한 세계 주요국의 정책이 일정하지 않다는 점이다. 비트코인과 같은 암호화폐의 발행, 유통, 거래를 전면 금지하는 러시아부터, 세계 최초로 비트코인을 통화의 하나로 인정한 영국까지 비트코인에 대한 인식의 차이는 매우 크다. 심지어 엘살바도르는 2021년 6월부터 달러와 함께 비트코인을 법정통화로 인정하고 있다. 또, 쿠바는 2021년 9월, 비트코인 등 암호화폐를 결제수단의 하나로 공식 인정했다. 또, 비트코인을 부분적으로 인정하더라도 그 규제는 나라별로 매우 차이가 나고 있다. 한 가지 공통된 것은 비트코인이 자금세탁, 테러자금 조달 등에 악용되는 것을 막아야 한다는 것이다.

그러면 비트코인은 자산인가?

화폐로서의 다소 불확실한 성격에도 불구하고 왜 많은 사람들은 비트코인에 열광하는가? 그것은 비트코인이 하나의 투자 자산으로 기능하고 있기 때문이다. 위 그림에서 본 바와 같이 비트코인은 세계 경제상황, 인플레의 동향, 각국의 정책에 따라 매우 큰 등락폭을 보이고, 그 등락폭을 이용하여 수익을 올릴 수 있기 때문이다.

비트코인이 자산으로 기능해 왔지만, 미국을 포함한 주요국들은 비트코인을 공식적인 자산으로 인정하지 않았다. 하지만 최근 이런 인식에 변화가 생기고 있다. 미국은 2021년 10월 19일 뉴욕증시에 비트코인 선물 ETF인 '프로셰어 비트코인 스트래티지 ETF'를 출시했다. 출시한지 이틀 만에 10억 달러의 자금이 모이며 매우 빠른 속도로 자금을 유치하고 있다. 이 뿐 아니라, 빌키리의 비트코인 선물 ETF, 반 에크 등의 자산운용사도 비트코인 ETF를 출시했다. 캐나다는 2021년 10월 초순, 비트코인과 이더리움을 같이 보유하는 ETF의 상장을 승인했다. 2020년 독일에서는 ETF의 동생 격으로 불리는 비트코인 상장지수증권(ETN)인 '반에크벡터 비트코인(VBTC)'도 상장되었다.[66]

이런 주요국의 입장 변화는 다음과 같은 함의를 가진다.

첫째, 비트코인이 제도 금융권에 본격적으로 편입될 가능성이 높아졌다. 이런 기대를 반영하여 비트코인의 가격이, ETF가 뉴욕증시에 상장된 이틀 뒤에, 6만 6,909 달러까지 상승하였다.

둘째, 이런 기대에도 불구하고 미국의 금융 규제당국은 비트코인에 대한 레버리지 펀드를 승인하지 않을 계획임을 밝혔다. 일반적인 펀드에 비해 더 큰 수익(혹은 더 큰 손실)을 가져다주는 레버리지 펀드는 비트코인의 위험성에 비추어 볼 때 아직 시기상조라는 것이다. 자산으로 볼 수 있지만, 아직 완전한 자산으로 보기 어렵다는 것이다.

비트코인의 미래와 블록체인

하나씩 전진하고 있기는 하지만 비트코인의 화폐로서의, 그리고 자산으로서의 미래는 아직 불확실하다.

하지만, 비트코인이 각광을 받고 있는 것은 이 비트코인을 가능하게 한 블록체인(block chain)이라는 기술적 특성 때문이다. 블록체인은 모든 참여자가 장부를 공유하는 분산원장(Distributed Ledger)의 형태로 되어 있다. 그래서 보안성(기록은 서로 연결되어 유지되기 때문에 위조와 변조의 위험이 없음), 분산화, 탈중앙화(중개자나 제3의 기관이 없음), 투명성(모든 기록이 공개됨)의 특성을 가진다. 이 블록체인은 그 속성상 절대 해킹이 불가능하다. 따라서 거래의 안정성은 매우 뛰어나다. 이런 속성을 가지기 때문에 블록체인은 대면거래가 불가능한 사이버 공간에서 서로 신뢰할 수 있는 수단을 제공하고, 바로 이점 때문에 매우 높은 평가를 받고 있다. 중앙정부와 같은 제3자의 개입을 필요로 하지 않고, 거래에 관여하는 당사자들 간의 확약에 의해 거래의 신뢰가 보장될 수 있다. 그래서 부동산 거래, 금융 거래, 다국적 기업간의 계약 등 다양한 분야에 혁명적 변화를 가져올 기술로 주목을 받고 있다.

CBDC(Central Bank Digital Currency)란 무엇인가?

서두에서 말한 이 절의 주제는 '우리가 아는 돈이 사라지고 있다.'는 것이다. 이와 관련 두 번째로 생각해야 할 것은 중앙은행이 발행하는 디지털화폐, 즉 CBDC이다. 말 그대로 중앙은행이 발행하는 디지털화폐를 의미한다. 지금 각국의 중앙은행은 정책적 필요에 의해 돈(전통적 화폐)을 발행하고 있는데, 왜 다시 디지털화폐를 발행하려 하는가?

복잡한 설명 대신 간단히 말하자. 암호화폐까지 포함한 가상화폐의 보급이 증가하는 시점에서 중앙은행이 다시 그 중심에 서고 싶다는 것이다. 쉽게 말하면 암호화폐와 가상화폐가 하는 역할을 CBDC가 대신 하게 함으로써, 돈에 대한 통제력을 회복하고 싶다는 것이다.

CBDC는 일반적으로 전자지갑을 이용해 경제주체(기업 혹은 소비자)에게 디지털화폐를 공급한다. 중앙은행이 직접 경제주체에게 디지털화폐를 공급하기도 하지만, 대개 시중은행을 통해 디지털화폐를 공급한다. 문제는 여기서 발생한다. CBDC는 그 설계하는 방식에 따라 모든 거래 정보에 대한 익명성을 보장할 수 있지만, 중앙은행과 시중은행이라는 경로를 거치는 한 모든 정보의 익명성을 보장하기란 사실상 어렵다. 다시 말해, CBDC의 경우에는 익명성이 보장되기 어렵다. 이것은 양날의 칼과 같다. CBDC를 발행하는 정부의 입장에서는 암호화폐의 부정적 효과, 즉 돈 세탁이나 부정자금의 거래를 원천적으로 봉쇄할 수 있는 효과를 기대할 수 있다. 그렇지만, 경제주체의 입장에서는, 익명성이 보장되지 않는 거래가 나중에 어떤 부작용을 가져올지 예측하기 어렵다. 거래의 익명성이 보장되지 않으면 그것은 또 하나의 감시가 추가되는 것과 같다.[67]

어떻게 공급되건 디지털화폐는 기존의 화폐와 1:1의 교환비율을 가진다. 이론적으로 보면 국가는 CBDC를 공급함으로써 화폐발행에 대한 비용을 절감하고, 통화정책에 보다 더 유연성을 가질 수 있다. 하지만 시중은행의 입장에서는 반드시 긍정적이지만은 않다. CBDC에 대한 수요가 높을 경우 은행예금이 CBDC로 대체되어 은행의 예금잔액이 대폭 줄어들 수 있으며, 이는 결국 은행의 자금중개 기능 약화로 연결될 수 있다. 이것을 디지털 뱅크런이라고 하는데 이런 가능성은 CBDC가 보급될수록 더 높아질 것이다.

중국과 CBDC

암호화폐의 보급에 따라 세계 주요국들은 암호화폐의 역할을 대신할 수 있는 CBDC의 가능성에 주목하고 있다. OECD를 비롯한 많은 나라들이 이에 대한 연구를 진행하고 있지만, CBDC의 도입에 가장 빠른 속도를 내고 있는 나라는 중국이다.

중국은 CBDC에 대한 시범사업을 거쳐 2022년 초 동계올림픽을 통해 공식적으로 디지털 위안화라는 명칭으로 CBDC의 도입을 추진하려고 한다. 중국은 왜 CBDC를 서둘러 도입하려 하는가?

가장 중요한 이유는 중국은 비트코인과 같은 암호화폐의 유통과 보급을 차단하고 그 자리를 CBDC로 대신하고 싶은 것이다. 주지하는 바와 같이, 중국은 비트코인의 가장 큰 수요처이자, 채굴지이다. 2021년 4월까지만 해도 세계 비트코인 채굴 중 65.08%가 중국에서 이루어졌다. 한때 비트코인의 도입을 장려했던 중국은[68] CBDC의 도입을 앞두고 비트코인을 포함한 암호화폐에 대한 본격적인 제재를 가하고 있다. 그 주요 내용은 다음과 같다: "가상화폐(암호화폐 포함)는 법정화폐와 동일한 법적 지위를 가지지 못하며, 가상화폐 관련 사업활동은 불법 금융활동이며, 이의 교환, 매매, 토큰 발행, 상품 거래 등 비즈니스 활동은 법에 따라 금지되며 형사상 책임을 물을 것이다." 그러니 암호화폐를 사용하지 말고 디지털 위안화를 사용하라는 것이다. 그에 따른 모든 이득을 중앙정부가 가져가겠다는 것이다.

둘째, 중국의 CBDC 도입이 중국 위안화의 국제화, 즉 달러 패권에 대한 도전이라고 보는 시각이다. 중국 위완화의 국제화가 상대적으로 낮기 때문에 디지털 위안화가 달러를 대신할 수 있는 기축통화의 역할을 하리라 기대한다는 것이다. 중국이 이런 목표를 내부적으로 가지고 있는지 명확하지 않다. 하지만, 현재의 상황으로 볼 때 이런 시각은 지나치게 앞선 것이다. 디지털 위안화는 위안화의 대체재 성격을 가지는 것인데, 일대일로에 참여하고 있는 국가들 사이에서 국가간 결제의 편의를 위해 디지털 위안화를 사용할 수 있어도, 국제간 교역의 결제수단으로 사용될 것이라는 기대는 너무 성급하다. 디지털 위안화가 국제간 거래에 사용되기 위해서는 환율의 문제가 개입될 수밖에 없으며, 이는 현재의 국제결제 시스템을 고려할 때 다소 먼 미래의 일에 불과하다. 그러나 동남아 국가, 일대일로에 참여하는 국가, 그리고 자발적으로 참여하는 국가들 사이에서 부분적인 국제 결제수단으로 사용할 가능성마저 배제할 수는 없다.

돈에 무슨 일이 일어나고 있는가?

전통적인 의미의 돈이 점점 우리 눈 앞에서 사라지고 있다.

신사임당이나 율곡 선생을 인쇄한 돈은 개인 금고로 퇴장하거나, 온라인 상의 숫자 혹은 암호화폐의 형태로 변하고 있다. 심지어는 그런 암호화폐가 또 다른 투자의 수단이 되고 있으며, 국가는 그런 과정에서 세금을 부과하거나 암호화폐의 사용에 따른 수익을 가져오기를 원하고 있다. 느리건 느리지 않건, 전통적인 의미의 돈은 점점 우리 눈 앞에서 사라져가고 가상화폐, 암호화폐, 그리고 CBDC로 바뀌어 갈 수 밖에 없다. 인정해야 한다.

돈에 투자하고 주식에 투자하는 것처럼, 암호화폐를 하나의 자산으로 고려해야 할 때가 점점 다가온다. 그런 느낌을 감출 수 없다. 일반화폐와 같은 형태로 교환의 수단(medium of exchange)으로 보편화되지는 않을 것이지만, 금과 같은 형태로 자산을 보관하는 기능은 어느 정도 담당할 수도 있다.

돈이 사라지면 어떤 일이 발생할까?

돈이 사라지면 어떤 일이 발생할까?

지금의 이 상태에서 이런 예측을 하기는 조금 머뭇거려진다. 그것은, 앞으로 10년 후 어떤 형태로든 CBDC의 보급이 본격화되면 무슨 일이 발생할지 다소 불확실하기 때문이다. 2008년 사토시 나카모토가 비트코인의 개념을 제시했을 때와는 정반대의 방향으로 세계 경제와 사회가 나아갈 가능성을 배제할 수 없다(2008년이 어떤 해인가? 미국에서 발생한 세계적 금융위기로 지구촌이 몸살을 앓고 있을 때이고, 미국을 위시한 주요국들은 돈을 무작정 푸는 것으로 그 위기를 극복하려 했다. 정부가 돈의 창출과 유통에 개입했다).

무슨 말일까? 사토시 나카모토는 중앙은행이나 정부의 개입 없이 네트워크 상에서 자유롭게 분권적으로 거래가 이루어지기를 원해왔다. 그런데 CBDC의 등장은, 역설적으로, 다시 중앙은행이나 정부의 개입에 의해 돈의 경로가 통제를 받게 됨을 의미한다.

다시 중앙집권의 시대다.

달은 차면 기울기 마련인데, 집중화와 분권화의 이 역사는 앞으로 어떻게 진행될 것인가? 그 역사의 진행 과정에서 암호화폐와 CBDC는 통화정책의 측면에서 어떤 역할을 할까?

어렵다고? 그렇다면 쉽게 말하자.

누가 이길까?

융합의 시대, 그 끝없는 경쟁은 어디로 가는가?

이십 년도 더 된 옛날의 일이다.

디지털경제 관련 모임에 나갔는데 한 지인이 카메라가 결합된 휴대폰(스마트폰 이전의 피처폰이다)을 가지고 나왔다. 세상에! 전화기에 카메라가 합쳐지다니. 그때 모두들, 그 휴대폰을 돌려가며 신기하게 바라보았다.

최첨단의 IT 제품이 하나로 결합될 수 있음을, '융합'될 수 있음을 처음으로 지켜본 것이다. 물론 그 이전에도 제품의 융합이 없었던 것은 아니었다. 디지털경제가 시작되면서 전자기기 간의 융합은 지속적으로 진행되어 왔다. DVD 콤보(DVD+VCR), 복합기(팩스 + 프린터 + 복사기)가 대표적이다. 하지만 전자기기의 융합은 대체로 비슷한 성격의 제품들이 결합한 형태였지만, 카메라와 전화기의 융합은 결합하기 어려운, 하나가 되기는 어려운 제품들이 합쳐진 것이라 정말 놀라웠다.

지금은 어떨까? 이런 카메라폰을 융합이라고 하면 지나가던 사돈의

다가오는 미래, 축복인가 저주인가

팔촌도 웃을 것이다.

경계를 허물어 가는 융합

2007년 스티브 잡스가 아이폰을 출시하던 무렵을 전후해 이런 융합은 새로운 형태를 띠기 시작한다.[69] 과거 전자기기의 융합처럼 관련 제품이 융합하던 것을 넘어 기업과 산업이 융합하기 시작한 것이다.

무슨 말일까? 기업과 산업의 경계가 사라지기 시작했다. 국민은행의 경쟁자가 KT가 된다고 말하면 그 당시는 어떤 취급을 받았을까? 혹은 구글이 자동차 회사가 되고, 구글이 보험회사의 기능도 한다면 어떻게 생각했을까? 지금이야 통신회사가 금융 부문에 진출하는 것은 더 이상 놀랄 일이 아니다. 하지만, 15년 전만 해도 통신 회사가 금융 부문에 진출하거나, 인터넷 검색 회사가 금융 부문에 진출하는 것은 시대를 앞서가는 행동이 아니면, 세상 물정을 모르는 철부지의 어리석음으로 간주되었다. 지금은 이런 전략적 행동이 어떤 평가를 받는지 모두 다 안다.

세상은 참으로 빠르게 변한다. 제조업에도 이런 융합은 이미 시작되었다. 자율주행차를 설명하는 장(2부 3장)에서 자세히 논의했지만, 제조업체는 이미 제조업체가 아니다. 쉽게 말하자. 현대자동차가 10년 뒤에도 자동차를 만드는 제조업체로 남기를 원한다면 스스로 망하기를 바라는 것과 다를 바 없다. 현대자동차는 수송 서비스 공급자(transportation service provider)로 변신하지 못할 경우 미래를 보장받지 못한다. 시대의 변화는 제조업체가 서비스업체로 변신하기를 요구하고 있다. 정말 놀라운 일이다. 삼성전자라고 다를까? 삼성전자 역시 하드웨어 제조업체로서는 10년 이상을 버티기 어렵다. 지금 경쟁력을 가진 하드웨어를 바탕으로, 구독서비스, 생태계 구축, 소프트웨어와 콘텐츠를 결합한 새로운 제품을 만들어내지 않는다면 그 역시 미래를 보장받기 어렵다. 애플은 참 묘하다. 아이폰과 같은 하드웨어 제품을 팔아 돈을 버는 것은 익히 알고 있지만, 이제 나름의 생태계를 만들어 앱이라고 부르는 소프트웨어를 팔고, 콘텐츠를 파는 복합 서비스 업체로 이미 변신을 했다. 그런데 이 애플이 애플 카드를 만들어 금융 산업을 넘보고 있고, 우습게도, 전기차를 기반으로 한 애플카를 만들어 자율주행차에 발을 걸치고 있다.

여자의 변신은 무죄라지만, 애플의 변신은 얄밉다.

승리의 기미를 보이는 플랫폼 기업

기업은 끝없이 변하고, 이에 따라 산업은 그 경계가 흐릿해지는 형태로 끝없이 변한다. 그 끝은 어디일까? 이제 기업은 그 경쟁의 대상을 정확히 구분할 수 없고, 산업의 경계 역시 시간이 갈수록 희미해져 가고 있다.

4차 산업혁명의 시대에 이미 모든 기업은 IT 기업이다. 삼성전자나 SK 하이닉스에서 만드는 반도체나 전자기기가 없다면 모든 산업은 일시적으로나마 멈출 수밖에 없다. IT 기업과 거리가 먼 것처럼 보여지는 금융

227

산업은 사실상 더 교묘하고 집중된 IT 기업이다. IT 기기와 기술이 없으면 금융산업은 경쟁력을 상실한다.

그래서 모든 기업의 경쟁 상대는 모든 기업이고, 모든 산업의 경쟁 상대 역시 모든 산업이다. 무슨 말을 하고 있는 것일까? 10년 뒤, 혹은 20년 뒤 4차 산업혁명이 어느 정도 궤도에 오르고 나면 이제 기업과 산업의 경쟁은 그 이전 어느 시대보다 치열해질 수밖에 없다. 그 치열한 경쟁! 그러면 승자는 누구일까? 어느 기업, 어느 산업이 승자라고 말하는 것은 어리석은 일이다. 모든 기업은 서비스 공급업자의 형태를 띠게 될 것이고, 모든 산업은 그런 성격을 더 강화하는 형태로 진화할 것이기 때문이다.

플랫폼 기업.

필자는 미래 산업의 승자는 플랫폼 기업이라고 생각한다. 산업과 산업의 융합이 단지 경계를 없애 버리는 것이 아니라 유사한 서비스를 공급하는 산업들이 모여 새롭게 편을 짜는 계기로 작용하게 된다. 예를 들자. 자동차 기업들의 경우, 스스로 사업모델을 바꾸는 혁신을 진행해 나가지 않는다면, 운송 서비스를 제공하는 플랫폼 기업의 하청업체 혹은 종속업체로 전락할 가능성을 배제할 수 없다. 현대자동차가 혁신을 거듭하지 않는다면, 우버 (반드시 우버가 아닐 수도 있다) 라는 운송서비스 플랫폼의 하청업체 혹은 종속업체로 그 명목을 유지할 수 있다. 우버에 자동차를 공급하거나 우버의 동북아 지부 혹은 한국 지부로 현대자동차라는 이름을 유지할 수 있다. 삼성전자나 SK 하이닉스가 전자기기 혹은 반도체와 관련된 서비스를 제공하는 플랫폼을 만들지 못한다면, 혹은 퀄컴이나 인텔이 주

228

도하는 (미국 정부는 자국의 반도체 산업 육성을 위해 미국 내에서 반도체를 생산하기를 원한다) 플랫폼의 구성원이 되지 못한다면 미국에서 반도체를 팔지 못할지 모른다.

이런 융합은 초융합으로 연결된다

그래서 모든 산업들은 유사한 기능을 가진 플랫폼 사업자로 재편되게 된다. 너무 큰 단순화라는 위험이 없지는 않지만, 앞으로의 산업은 크게는 운송 서비스 제공 플랫폼, 콘텐츠 제공 플랫폼, 건강 서비스 제공 플랫폼, 교육 서비스 제공 플랫폼, 금융 서비스 제공 플랫폼과 같은 형태로 바뀔 수도 있다. 산업의 구분 없이 플랫폼이 대세를 이루게 되고, 이런 플랫폼이 경쟁을 하는 것이 산업의 미래라고 할 수 있다. 이런 플랫폼은 한 국가나 지역을 대상으로 하는 것이 아니라 전 세계를 대상으로 한다.

지금 콘텐츠 제공 플랫폼은 넷플릭스 혹은 디즈니를 중심으로 재편될 움직임을 보이고 있고, 애플은 애플 와치의 계속적인 기능 개선을 통해 건강 서비스를 제공하는 플랫폼에 큰 관심을 가지고 있으며, MOOC (Massive Open Online Courses: 인터넷을 활용한 대규모 온라인 공개 강좌)는 조만간 교육이라는 서비스가 제공되는 방식을 바꿀 수도 있다. 아마존은 상품의 전달, 배송이라는 물류의 마지막 단계(이것을 라스트 도어 last door - 소비자의 문 앞까지 바로 직배송한다는 의미 - 라고 한다)를 장악하고 있다. 아마존의 전 세계적 물류 플랫폼의 가능성은 꿈이 아니라 현실적인 사실로 드러나

다가오는 미래, 축복인가 저주인가

고 있다.

이런 산업재편을 필자는 '초융합'이라고 부르고 싶다.

알고 있다. 중국을 비롯한 전 세계에서 플랫폼 기업의 횡포와 독과
점을 막으려고 규제의 벽을 높이려 하고 있다. 하지만 이런 규제는 플랫폼
기업의 횡포와 독과점에 대한 작은 시정조치로 끝날 가능성이 매우 높다.
장기적으로 볼 때 이런 횡포를 시정하고 독과점에 의한 역기능을 제거하
는 것이 플랫폼의 발전 가능성을 더 높일 수 있다. 플랫폼이 산업을 포괄
하고 융합시키는 단계까지 가야 할 길은 매우 멀다. 하지만 가야 할 길이
멀다고 가지 않는 것은 아니다. 마치, 높은 산에서 발원되는 강의 지류 한
두 개를 막아버린다고, 장강(長江)이 사라지는 것이 아닌 것과 같다.

융합은 우리의 생활에도 관련된다.

융합은 단지 기업이나 산업에만 해당되는 것이 아니다. 초연결 사회
가 본격화되면 우리가 지금 교육이라고 부르는 형태 혹은 성격도 매우 달
라지게 된다. 그 가장 큰 변화는 대학 교육에서 발생할지 모른다. 지금의
대학 형태가 만들어지기까지 매우 오랜 세월이 걸렸다. 특히, 세부적인 학
문 분야가 형성되기까지 역사, 정치, 경제가 얽히고 설킨 세월이 필요했다.

핵심부터 말하자. 우선 가장 중요한 것. 지금처럼 격자처럼 갈라진
전공과 세부 전공의 구분은 아무런 의미가 없게 된다. 정치와 외교를 구
분하고, 경제와 경영을 구분하고, 역사와 문학을 구분하고, 사회와 심리를

구분하는 학부 시스템은 하루 빨리 정비할 필요가 있다. 대학은 이제 더 이상 시대가 필요로 하는 인재를 양성하지 못하고 있다.

시대가 필요로 하는 것은 특수 전공에 대한 지식을 얼마나 가지고 있느냐가 아니라, 주어진 문제를 객관적으로 종합적으로 분석하고, 다양한 각도에서 그 해결책을 제시할 수 있는 능력이다. 기업과 산업, 기술과 기술이 다양하게 융합되는[70] 세상에서 경제학과 출신, 국문학과 출신이라는 원산지는 개그 콘서트의 개그 소재에 불과할지 모른다. 그렇다고 모든 전공을 하나로 뭉뚱그려서는 안된다. 다양하게 현실의 수요에 맞게 융합 학문이 대세를 이루어야 한다. 교과과정의 개편은 이런 인식을 바탕으로 이루어져야 한다.

미래가 이렇게 변하고 교육이 이렇게 변하는데 직업은 변하지 않을 리 없다. 진부한 말이지만, 직업과 직장을 구분해야 하고, 평생직장이라는 고대어는 사라질 때가 지났고, 65세 정년이라는 경계선은 안드로메다로 보내야 한다.

중요한 것은 무엇일까? 직장은 바뀌더라도 평생 한 종류의 일을 할 수 있는 능력, 주어진 문제를 객관적으로 보고 해결할 수 있는 능력, 개별자로서 살아갈 수 있는 마음의 준비, 어디서 무엇을 하더라도 미래의 변화에 맞추어 자신을 바꾸어 갈 수 있는 자세가 필요하지 않을까.[71]

아, 나는 지금 슈퍼맨이 필요하다고 말하는 것일까?

〈부록〉 4차 산업혁명에 대한 개략적 이해

지금으로부터 10년, 혹은 20년 미래는 어떤 모습을 하고 있을까? 다양한 관점으로 앞으로의 일을 예측할 수 있다. 하지만 이 책에서 필자는 현재 매우 빠른 속도로 진행되고 있는 4차 산업혁명을 근거로 미래의 모습을 그려 보았다. 경제사를 돌이켜 볼 때 산업혁명 이상 인간의 삶을 송두리째 바꾼 사건은 없기 때문이다.

이제 코끼리 코처럼 만져본 4차 산업혁명에 대해 그 몸통이나마 개략적으로 설명을 할 시간이다.

산업혁명이란 무엇인가?

산업혁명이란 무엇인가?
다양한 논의가 있을 수 있지만, 필자는 산업혁명이라고 부르기 위해서는 다음과 같은 두 가지 현상이 수반되어야 한다고 생각한다. 첫 번째는 기술진보와 그에 따른 생산성의 증가다. 두 번째는 사회적 패러다임의 변화다(자세한 논의는 2부 2장을 참고).

이렇게 보면 산업혁명은 지금까지 네 번 정도 진행된 것으로 이해할 수 있다. 이 네 번의 산업혁명은 산업사회를 형성하고 발전시켜온 1, 2차 산업혁명과 디지털사회를 만들고 발전시켜온 3, 4차 산업혁명으로 나누어 진다.[73] 그래서 여기서 제시된 제4차 산업혁명이 바로 이 책의 주된 관심사가 된다.

4차 산업혁명의 개요: 변화의 내용과 변화의 방향

이제 이 책을 매듭짓기 전에 제4차 산업혁명 시대의 특징을 간략히 정리하는 것이 바람직하다. 그것은 다음 표와 같이 정리할 수 있다.

이 표에서 보는 바와 같이, 주요 특징은 '변화의 내용'과 '변화의 방향'으로 구분할 수 있다. 변화의 내용은 A, B, C, D 라는 네 개의 알파벳으로 구분할 수 있고, 변화의 방향 역시 S, P, 그리고 L 이라는 세 개의 알파벳으로 구분할 수 있다.

A는 자율(Autonomy)을 의미하는 것으로 4차 산업혁명 시기에는 최소한의 규제를 제외한 모든 규제는 제거될 필요가 있고 민간의 자율적인 활동이 중요하다는 것을 의미한다. B는 모든 부문의 혁신(Beyond-Innovation)을 의미하는데 혁신이 단순한 기술의 혁신에 그치는 것이 아

니라 상품, 서비스를 넘어 제조공정과 사업모델에 이르기까지 혁신이 진행되는 것을 의미한다. C는 융합(Convergence)을 의미하는데 IT를 중심으로 모든 기술이 하나로 통합되며, 이를 바탕으로 기업, 산업, 사회, 심지어는 대학과 같은 교육기관도 통합의 길을 가게 됨을 의미한다. D는 깊이(Depth)를 의미하는데 이런 변화가 과거의 산업혁명과는 비교가 되지 않을 정도로 깊이 이루어진다는 것을 의미한다. 변화의 방향이라는 측면에서 4차 산업혁명의 속도(Speed)는 과거와 비교할 수 없이 빠르게 진행되고, 이런 혁명은 민간(Private)과 지역(Local)을 우선적으로 고려하여 이루어져야 한다.

구분	주요특징	주요내용	중앙정부에 대한 시사점	지역정부에 대한 시사점
변화의 내용	Autonomy 자율	규제는 기본적으로 불필요 필요할 경우 최소한 규제	규제완화 필요 지역정책에 대해서도 재원, 정책, 시행에 대한 규제완화 필요	규제완화 필요 지역정부의 자율성 제 고를 위한 특단의 대 책 필요
	Beyond Innovation 모든 부분의 혁신	상품과 서비스에서의 혁신을 넘어 제조공정 과 사업모델(business model)까지의 혁신이 긴 요	좁은 의미의 혁신개념을 지양 산업과 정책 전반에 있어서의 혁신	지역의 자율성을 바탕 으로 지역의 경쟁력 제고를 지향
	Convergence 융합	IT를 중심으로 모든 기술이 융합 산업의 구분이 없어짐	IT 육성은 기본 BT, ET 소재산업에 대한 관심 필요	중앙정부와 기본적으로 같은 관점 지역의 특성을 고려한 융합전략 구상
	Depth 깊이	이전의 산업혁명과는 다르 게 변화의 깊이가 예상을 초 월	중앙정부가 모든 변 화를 관할하지 못함	지역정부가 스스로 변화의 폭과 깊이를 주도해야 함
변화의 방향	Speed 속도	매우 빠른 기술개발 속도 평균 이상으로 빠른 시장의 상승 속도 작업의 빠른 변화 속도	속도에 대한 인식의 전환 산업정책의 전환 교육제도에 대한 관심	중앙정부와 기본적으로 같음 교육부문에 대한 깊은 관심이 필요
	Private 민간우선	기업의 역할의 매우 중요 기업 중심의 기술개발 bottom-up 방식 전개	정부역할 재검토 미래설계와 비전제시를 위한 정부의 역할 설정	지역여건을 고려할 때 지역정부는 중앙정부 보다는 더 깊게 개입 할 필요
	Local 지역우선	4차 산업혁명의 폭과 깊이, 속도는 지역이 먼저 자발적으로 수용해야 함	중앙정부는 지역정부에 반드시 자율권 부여	지역정부는 자율적으로 혁신에 의한 경쟁을 수용해야

〈표1〉 제4차 산업혁명시대의 특징(필자 작성)

다가오는 미래, 축복인가 저주인가

4차 산업혁명이 구체화되는 영역

이런 4차 산업혁명이 구체화되는 영역은 다음과 같은 표로 정리할 수 있다.

사실상 이 책의 논의는 〈표 1〉을 기본으로 〈표 2〉가 우리 사회, 경제, 생활에 어떠한 영향을 미치는가를 분석한 것으로 이해할 수 있다.

〈표2〉가 주장하는 것을 다시 개략적으로 재정리하면 다음과 같이 요약할 수 있다. 특히, 스마트 팩토리, 스마트 시티, 핀테크, 3D프린팅은 이런 인프라, 제품, 경험이 하나로 융합되는 현장으로 이해할 수 있다.

- 4차 산업혁명의 기본 인프라는 인공지능과 사물인터넷,

- 4차 산업혁명의 대표적(기본적)인 제품은 로봇과 자율주행차,

- 4차 산업혁명의 기본적인 경험은 가상공간과 증강현실(메타버스),

- 4차 산업혁명 시대 경쟁력의 원천은 빅데이터.

구분	구분	설명
기본 인프라	인공지능	– 좁은 의미의 인공지능, 넓은 의미의 인공지능 – 인간의 노동력에 대한 인식의 변화: 생산함수의 변화: $Y = F(K, L)$, $Y = F(K1, K2, L)$, $Y = F(K1, K2)$
	사물 인터넷	– 사람, 사물, 공간의 연결 – 5G의 보급으로 인한 초연결사회의 실현
기본 제품	로봇	– 사물인터넷, 인공지능, 인터페이스(시리), 빅데이터 – 산업용 로봇에서 서비스 로봇으로 – 인간을 돌보는 로봇에서 인간과 차별없는 로봇으로 – BT와 IT의 결합으로 인공장기의 실현, – 인간이란 무엇인가의 문제가 대두
	자율주행차	– 사물인터넷, 커넥티드 카, 전기자동차와의 연결, 인포시 스템, 빅데이터 – 자동차산업과 IT산업의 경계가 모호 – 전기차 배터리, 수소자동차 – 컨텐츠를 중심으로 한 인포시스템이 승자
기본 경험	가상공간 증강현실	– 새로운 기술의 발전에 의한 현실 인식의 오류 – 호접몽의 세계
기타	스마트 팩토리	– 사물인터넷, 온라인 시스템 – 스마트팩토리와 3D프린팅에 의한 제조업의 혁명 – 3D 프린팅으로 인한 생산주도권의 이동 (기업에서 개인) – 스마트 팩토리와 3D프린팅으로 인한 Reshoring: 제조업 공장의 본국으로의 귀환: 독일 아디다스, 애플 폭스콘과의 부분적 결별
	스마트 시티	– 낡은 도시의 재생 – 새로운 도시의 설계
	핀테크	– 각종 페이: 삼성페이, 애플페이, 알리페이 – cashless society – 온라인 전용은행 – 암호화폐: 비트코인과 같은 전자화폐 – 기술로서의 block chain
	3D 프린팅	– 3D프린팅과 바이오 나노 산업의 결합 – 새로운 미래 성장산업으로 대두: 장기교체, 수명연장 – 제약산업, 의료산업과의 연결
기본경쟁력	빅 데이터 클라우드 컴퓨팅	– 제4차 산업혁명의 기본적인 경쟁력 요인

〈표2〉 제4차 산업혁명이 구체화 되는 영역(필자 작성)

다가오는 미래, 축복인가 저주인가

참 고 문 헌

(여기에 제시된 참고문헌에는 특별주제에 관심을 가진 독자들의 후속 연구를 위하여 본문에서 직접 언급되지 않거나 인용되지 않은 것도 포함되어 있음.)

- 김기홍 (2006), 『디지털 경제론』, 2006년 8월, 경기 파주: 법문사.
- ------ (2016), 『디지털 경제 3.0』(제3판), 2016년 1월, 경기 파주: 법문사.
- ------ (2020), 『제4차 산업혁명』, 2020년 3월, 경기 파주: 법문사.
- 김대식 (2019), 『당신의 뇌, 미래의 뇌』, 서울: ㈜북하우스 퍼블리셔스.
- 김상운 (2021), "마이데이터 시대의 개막과 기업의 경쟁력", 월간 SW 중심사회, No. 83. 2021. 05,
- 김영선 (2021), "중국의 빅테크 기업에 대한 규제 현황 및 특징", Issue & Report, 제201-06호, 금융경제연구소.
- 김준연 (2021), "메타버스 콘텐츠의 혁신 생태계와 지속 성장의 조건", Future Horizon, vol. 49.
- 바호 (이형욱) (2021), 『대한민국 파이어족 시나리오』, 한국경제신문 한경BP.
- 박재곤 (2021 a), "중국의 디지털경제 현황과 발전요인", 중국산업경제 브리프, 산업연구원, 2021년 4월.
- 박재곤 (2021 b), "중국의 대외교역과 한중간 무역", 중국산업경제 브리프, 산업연구원, 2021년 5월.
- 박지혜 (2021), "다가오는 메타버스 시대, 차세대 콘텐츠 산업의 방향과 시사점", KIET 산업경제, 2021. 05.
- 서울대학교 국제학연구소 (2021), 미중 기술, 경제패권 경쟁과 한국의 전략적 선택, Global Strategy Report, No. 2021-04.
- 송길영 (2012), 『여기에 당신의 욕망이 보인다』, 2012년 11월, 경기 파주: 샘 앤파커스.

238

- ------ (2015), 『상상하지 말라』, 2015년 3월, 서울: 북스톤.
- ------ (2021), 『그냥 하지 말라』, 2021년 10월, 서울: 북스톤.
- 오종혁 (2021), "미중 기술패권 경쟁의 최근동향", 포커스, 소프트웨어 정책 연구소, 2021. 05.
- 유기윤·김정옥·김지영 (2017), 『2050 미래사회보고서』, 서울: 라온북.
- 윤기영 (2021), "메타버스와 미래전략", 월간 SW 중심사회, 2021. 05, No. 83.
- 윤정현 (2021), "메타버스, 가상과 현실의 경계를 넘어", Future Horizon, vol. 49.
- 이규엽 · 강민지 (2019), "디지털무역규범의 국제논의 동향: WTO 전자상거래 협상과 미 개인정보보호법 입법안을 중심으로", KIEP 오늘의 세계경제, vol. 19 no. 12, 2019. 5. 22.
- 이승환 ·한상열 (2021), "메타버스 비긴즈: 5대 이슈와 전망", 월간 SW 중심사회, No. 83. 2021. 05.
- 이자연 (2019), "가상증강현실(AR, VR)산업의 발전방향과 시사점", 『월간 KIET 산업경제』, 2019년 2월호. 산업연구원.
- 이현숙 (2017), "자율주행자동차 기술개발의 특징 및 정책동향", 『융합 위클리 TIP』, Vol. 92.
- 조은교 (2020), "중국 디지털기업의 글로벌 부상과 시사점", KIET 산업경제, 산업연구원, 2020년 2월.
- 하나금융연구소 (2016), "비트코인의 거래 매커니즘과 사설블록체인 활용 동향", 하나 금융연구소.
- 하원규 (2015), "제4차 산업혁명의 신지평과 주요국의 접근법", 『주간기술동향』, 2015. 08. 26. 정보통신산업진흥원.
- 한상열 (2021), "메타버스 플랫폼 현황과 전망", Future Horizon, vol. 49.
- 황수욱 (2021), "미국 반독점 규제의 현대화와 시사점," 『전략공감 2.0』, Meritz Strategy Daily, 2021. 07. 28.
- 황종모·한승우 (2017), "해외 주요국 디지털화폐 관련 제도 및 시장 현황", 『전자금융과 금융보안』, 제7호.
- IT트렌드 연구회 (2019), 『보이지 않는 힘, 세상을 지배하는 알고리즘』, 심포지아.
- Atkinson, Robert. D. & Foote, Caleb (2019), *Is China Catching Up to the United States in Innovation?*, Information Technology and Innovation Foundation.
- Baldwin, Richard (2019), *The Globotics Upheaval*, London: The Orion Publishing Group Ltd.
- Beede, D., R. Powers, and C. Ingram (2017), *The Employment Impact of Autonomous Vehicles*, ESA Issue Brief # 05-17, Office of the Chief Economist, Economics and Statistics Administration, US Department of Commerce,
- Berryhill, J. et al. (2019), *Hello, World: Artificial intelligence and its use in the public sector*, OECD Observatory of Public Sector Innovation.
- Bloomberg News (2021), "China Takes Next Step in Taming Big Tech With Personal Data Law", 2021. 8. 20.
- BP 기술거래 (2018), 『제4차 산업혁명의 꽃 전장산업, 왜 삼성은 전장사업에 목숨을 걸까』, 서울: ㈜ BP 기술거래.

다가오는 미래, 축복인가 저주인가

- Chun, S. U. (2016), "Autonomous Driving opens a new era of competition between IT and automobiles", *LGERI Report*, Aug 17 2016, pp. 20–33.
- Credit Suisse (2019), *Global wealth report 2019*, Credit Suisse Research Institute.
- Clements L. M. (2017), *Economic Effects of Automated Vehicles*, Transportation Research Record, No. 2606, pp. 106–114.
- Cruysheer, Anton (2015), "Bitcoin: A Look at the past and the future", chapter 26 in Lee, David and Kuo Chen (eds: 2015), *Handbook of Digital Currency*, Elsevier.
- Dutton, Tim, Barron, Brent, and Boskovic, Gaga (2018), *Building an AI World: Report on National and Regional AI Strategies*, Canadian Institute For Advanced Research.
- European Commission Directorate General for Research and Innovation (2018), *Future of Work, Future of Society*.
- European Commission Joint Research Centre (2019), *China: Challenges and Prospects from an Industrial and Innovation Powerhouse*.
- European Political Strategy Centre (2019), *10 Trends: Shaping innovation in the digital age*.
- Feiner, Lauren (2021), "FTC files renewed antitrust complaint against Facebook," broadcasted by CNBC, Aug 19, 2021.
- Franceschi, Alberto De and Reiner Schulze (2019), *Digitasl Revolution - New Challenges for Law*, Verlag C. H. Beck oHG and Nomos Verlagsgesellschaft mbH & Co.
- Gallaway, Scott (2020), POST KORONA, 박선령 옮김, 『거대한 가속』, 2021년 10월, 경기 파주: 리더스북.
- International Federation of Robotics (2018), "IFR Press Conference worldwide presentation material", Presented at the meeting of International Federation of Robotics, 2018, October 18: Tokyo, Japan.
- ------- (2019), Executive Summary World Robotics 2019 Service Robots.
- Gaub, Florence (2019), *Global Trends to 2030: Challenges and Choices for Europe*, European Strategy and Policy Analysis System.
- Gemma, Joe (2017), "How robots conquer industry worldwide. IFR Press Conference", Presented at the meeting of International Federation of Robotics, 2017, September 27: Frankfurt, Germany.
- Kim, Gihong (2014), "A Study on the characteristics of Bitcoin: Is Bitcoin Money or Not?", *The Journal of Internet Electronic Commerce Research*, vol 14, no 2., Korean Internet e-Commerce Association.
- ------- (2018), "Why are Autonomous Vehicles Important?", *Asia-Pacific Journal of Multimedia Services Convergent with Art, Humanities, and Sociology*, vol. 8, no.8.,
- -------(2020), "Why is China going to issue CBDC (Central Bank Digital

Currency)?", *The Journal of Internet Electronic Commerce Research*, vol 20, no 4, Korean Internet e-Commerce Association.

- Kurzweil, Ray (2007), 『특이점이 온다: Singularity is near』, 김명남, 장시형 옮김, 경기 파주: 김영사.
- Lyon, David (2001), *The Surveillance society*, open university press.
- McQuinn, Alan & Castro, Daniel (2019), *A Policymaker's Guide to Blockchain*, Information Technology and Innovation Foundation.
- McEvoy, Sharlene. A (2014), "Brave New World: The Economic Impact of the Driveless Car: A Bumpy Road Ahead", Proceedings of the 4th International Conference on Environmental Pollution and Remediation. 2014, August 11-13: Prague, Czech Republic.
- Newton, Casey (2021), Mark in the metaverse, Facebook's CEO on why the social network is becoming a metaverse company, PODCASTS, July 22. 2021.
- OECD (2003), *ICT and Economic Growth*.
- ------ (2017), *OECD Employment outlook 2017*.
- ------ (2019), *OECD Employment outlook 2019: The future of work*.
- Samid, Gideon (2015), *Tethered Money*, Elsevier.
- Schwab, Klaus (2016), 『제4차 산업혁명: The Fourth Industrial Revolution』, 송경진 옮김, 서울: 새로운 현재.
- ------ (2018), 『더 넥스트: The Next』, 김민주·이엽 옮김, 서울: 메가스타디 ㈜.
- Servoz, Michel (2019), *The future of work? Work of the future*, Brussel: European Commission.
- Shell, Ellen Ruppel (2019), 『일자리의 미래』, 김후 옮김, 서울: ㈜ 예문아카이브.
- Standing, Guy (2014), 『프레카리아트: The Precariat』, 김태호 옮김, 경기도 고양: 박종철출판사.
- World Economic Forum (2018), *The future of jobs report 2018*.
- Yermack, David (2015), "Is Bitcoin a Real Currency? An Economic Appraisal", chpater 2 in Lee, David and Kuo Chen (eds: 2015), *Handbook of Digital Currency*, Elsevier.
- Zuboff, Shoshana (2019), *The Age of Surveillance Capitalism*, Hachette Book Group.

- 언론사: 뉴시스, 뉴스원, 동아일보. 머니투데이. 매일경제, 서울신문. 위키피디아, 조선일보. 경향신문. 파이낸셜뉴스. 한겨레신문, New York Times

- 기타: bitcoincharts.com

미주

1) 디지털경제 2.0이란 현재까지의 디지털경제를 1.0, 2.0, 3.0의 세 시기로 구분한 필자의 견해에 기반한 것이다. 디지털경제 2.0은 모바일 혁명의 시대. 자세한 것은 졸저 (2006, 2016, 2020)을 참고하기 바란다.

2) 조선일보 2021년 9월 13일자에 보도된 "지구는 평평" 외치는 음모론자들, 무시만 해선 안되는 이유'의 기사에서 인용.

3) 이 정의는 위키백과의 정의를 기본으로 필자가 알기쉽게 재구성한 것이다.

4) 데이터 베이스에 들어가는 데이터 값의 의미를 파악하기 쉽고, 규칙적인 값으로 들어가는 것을 정형 데이터, 정해진 규칙없이 값의 의미를 파악하기 힘든 데이터를 비정형 데이터라고 한다. 반정형 데이터는 완전한 정형이 아닌 약한 형태를 가진 정형 데이터를 말한다.

5) 이런 특징은 가트너사의 IT 애널리스트 더글러스 레이니(Dougla Layney)가 정리한 것으로 빅 데이터의 3V라고 한다.

6) 과거 온라인 기업들은 자사의 홈페이지를 방문하는 고객들의 정보를 모으고 분석하여 마케팅에 활용하곤 했다. 이것을 데이터 분석(data mining)이라 하는데, 빅 데이터는 이런 데이터 분석이 한 단계 더 진화된 개념으로 이해할 수 있다.

7) 2021년 10월 29일을 기준으로 할 경우, 마이크로소프트의 시가총액은 2조 4천 500억 달러, 애플의 시가총액은 2조 4천 200억 달러로 애플을 넘어 세계 1위를 기록하고 있다.

8) GDPR은 이런 규정 위반시 과징금을 부과할 수 있도록 하고 있다. 일반적 위반 사항인 경우 전 세계 매출액의 4% 혹은 1천만 유로 중 높은 금액을 부과할 수 있으며, 중요한 위반 사항인 경우 전 세계 매출액의 4% 혹은 2천만 유로 중 높은 금액을 부과할 수 있도록 하고 있다.

9) 이 청문회에 대한 내용은 뉴욕타임즈 2021년 10월 5일자의 Facebook Whistle-Blower Urges Lawmakers to Regulate the Company에 잘 나와있다.

10) 소셜 미디어와 SNS는 거의 비슷한 영역을 가지고 있다. 소셜 미디어 라는 용어는 미디어라 는 용어가 의미하는 바와 같이 사회적 소통과 저널리즘에 초점을 두고 있는 반면, SNS(Social Networking Sevice)는 서비스를 제공하는 매체로서의 플랫폼에 주목한다. SNS가 그 형태를 강조한다면, 소셜 미디어는 그 기능을 강조하는 셈이다. 혹자는 SNS를 소셜 미디어의 한 종류 로 분류하기도 한다. 여기서는 이 두 용어를 무차별적으로 사용하려 한다.

11) 부분적인 경우란 예컨대 다음과 같은 경우를 의미한다. 사람의 얼굴은 장소와 시간 혹은 빛의 크기에 따라 전혀 다른 형태로 나타난다. 인스타그램에 게시되는 연예인 혹은 인플루언서의 얼 굴은 가장 잘 나온, 혹은 가장 보기 좋은 경우의 사진이기 때문에 그 사람의 전체적인 상황 혹 은 상태를 비추지 못한다.

12) 이런 각광받는 직업에 대한 정보는 여러 다양한 매체로부터 입수한 자료를 바탕으로 필자가 임 의로 두 개씩 선정한 것이다. 경향신문은 사라진 직업, 부활하는 직업, 떠 오르는 직업의 형태 로 분석기사를 작성하기도 하고(경향신문 2019년 3월 18일), 매일경제신문은 '직업 전문가가 꼽은 유망직업'이라는 형태의 특집을 기획하기도 했다(매일경제신문 2011년 1월 29일). 또, 이 런 자료를 바탕으로 티스토리에서는 2010년까지의 시대별 인기직업을 정리하고 향후 10년의 유망직업을 제시하기도 했다. (http://4mother.tistory.com/7)

13) 서울 경제신문 2020년 1월 2일 참고.

14) 알렉사는 아마존에서 개발한 인공지능 플랫폼이다. 사용자는 아마존 에코를 통해 알렉사와 소통을 할 수 있다. 음악재생, 알람 설정, 날씨 정보 제공 등의 기능을 제공한다. 사용자가 이런 기능을 사용하기 위해서는 알렉사라고 불러야 한다. 자세한 것은 다음 웹사이트를 참조하기 바란다. https://ko.wikipedia.org/wiki/%EC%95%84%EB%A7%88%EC%A1%B4_%EC %95%8C%EB%A0%89%EC%82%AC

15) 비대면의 가능이 현실화되면서 직장인들에게 어떠한 일이 발생했는가는 송길영 (2021) 1장, 당겨진 미래라는 부분에 잘 설명되어 있다.

16) 이런 사례들, 그리고 이런 사례들이 의미하는 바는 송길영 (2021) 2장, 3장의 여러 곳에서 찾 을 수 있다. 이런 사례들이 의미하는 바를 조금 더 이해하기 위해서는 이 책을 참고하기 바란 다.

17) 이와 관련 필자가 아는 한 가장 최근에 나온 책이 바호(이형욱)의 대한민국 파이어족 시나리오 이다. 이 책은 2021년 9월에 출간되었다.

18) TVN의 유퀴즈 온더블록에 2021년 출연한 바 있다.

19) 매일경제 신문 참조. https://www.mk.co.kr/news/realestate/view/2021/09/910171/

20) Facebook, Apple, Amazon, Netflix, Google을 의미한다.

21) Microsoft, Amazon, Google, Apple을 의미한다.

22) 조선일보 2021년 7월 20일 경제면 기사에서 인용. https://www.chosun.com/economy/
2021/07/20/Q3I5PBFZRNDJHOYRGS 6LJZHXJ4/

23) 여기서의 논의는 황수옥 (2021)을 참고함.

24) 패소 이유는 다음 두가지 이다: 1) 페이스북이 시장 지배적 지위를 누리고 있다는 사실을 입증
하지 못했다; 2) 소송 대상이 된 개인용 소셜 네트워크 시장에 대해 명확히 규정하지 못했다.

25) 산업혁명을 이해하는 기본적인 준거틀은 졸저 (2020) 제1장을 참고.

26) 본문에서 표시한 자율주행 등급은 미국 자동차 기술학회의 분류이다. 반면 미국 도로교통안
전청은 자율주행 등급을 0에서 4까지 5단계로 구분한다. 이에 따르면 4단계의 자율주행이 미
국 자동차 기술학회가 분류하는 5단계의 자율주행에 해당된다.

27) MIT가 발행하는 Technolgy Review는 2015년 10월 호에 이미 Why Self-Driving Cars
Must be Programmed to Kill 이라는 제목으로 이 문제를 거론한 바 있다.

28) 미국 국립도로교통안전국(NHTSA)은 2021년 8월 16일 오토파일럿 기능이 달린 테슬라 차
량에서 2018년 이후 11건의 충돌이나 추돌 사고가 일어나 1명이 숨지고 17명이 다쳤다며, 오
토파일럿의 기술과 방법을 평가할 것이라고 밝혔다. 한겨레신문, 2021년 8월 18일, 16면 참
조.

29) 여기에는 환경인식 센서, 위치인식 센서, 판단 기술, 제어 기술, HVI(Human Vehicle
Interface), 통신기술 등이 포함된다.

30) 테슬라가 지금 애플과 같은 정책을 구사하고 있다. 모건 스탠리는 "FSD는 2025년 테슬라 총
이익의 25%를 차지하게 될 것"으로 추정한다. 이런 내용은 조선일보 2020년 9월 14일 B1면
에서 인용.

31) 과거에는 인수합병에 의해 독점적인 지위를 가지더라도 그것이 소비자의 효용을 저해하지 않
으면 별다른 규제를 가하지 않는다는 입장이었으나, 현재는 시장구조와 경쟁의 성격까지 고려
하여 독점을 규제하려는 입장으로 변하고 있다.

32) 2021년 10월 25일 지금 2조 4,600억 달러에 달하고 있다.

33) https://www.hankyung.com/economy/article/2021012648591

34) 참고로, 미국 5대 IT 기업인 애플, 마이크로소프트, 아마존, 알파벳, 페이스북의 시가총액(6조
8948억 달러. 2020년 8월 기준)은 일본의 GDP(5조 917억 달러)를 넘어서고, 영국의 두배 이
상(2조 8,271억 달러)이다

35) 아래의 글들은 과거 2015년 1월 19일 부산일보에 연재된 필자의 칼럼을 확대한 뒤 수정 보완
한 것이다.

36) 매일경제 2021년 10월 22일 A15면 참고.

37) 자세한 내용은 김영선 (2021)을 참고.

38) 자세한 내용은 오종혁 (2021)을 참고.

39) 여기서의 통계자료는 경향신문 2021년 6월 28일의 자료를 참고함.https://m.khan.co.kr/

world/china/article/202106282128025#c2b

40) 자세한 내용은 박재곤(2021, b)을 참조.

41) 이런 인공지능이 과연 ANI냐는 질문이 제기될 수 있다. 알파고와 같은 인공지능은 분명히 ANI 이다. 하지만 안면인식기능을 가진 ANI가 인간의 감정과 행동을 판단하고, 제 나름의 판단을 내린다면 이는 AGI와 같은 성격을 가진다고 할 수 있다. 그러므로 인공지능이 어느 정도 발달하면 ANI와 AGI로 구분하는 것이 무의미해질 수 있다.

42) The New York Times, "A.I. is not a-OK" column written by Maureen Dowd. 2021년 10월 30일 기사 참조.

43) 미주 42를 참조.

44) https://icnweb.kr/2020/45084/ 참조.

45) 여기서의 내용은 졸저 (2016) 제4부 pp. 311-2의 내용을 수정 인용한 것이다.

46) 이 항은 졸저 (2020) p. 230 제4차 산업혁명의 분석 18을 기조로 한 것임.

47) 군중의 눈은 눈(雪)처럼 밝다는 의미를 가진다. 모택동의 말이다.

48) 머니투데이 2019년 10월 8일자 참고.

49) 이 사례는 박민희의 시진핑 시대 열전 11 (한겨레신문, 202년 11월 24일)을 참조한 것임.

50) Lyon (2001)도 그 중의 하나이다.

51) 미주 49를 참고

52) 그 외 혼합현실, 확장현실 등 다양한 개념이 존재한다. 혼합현실(mixed reality)은 물리적 환경과 가상 환경이 상호 작용하는 환경을 의미하며, 확장현실은 이런 혼합현실, 가상현실, 증강현실 모두를 포괄하는 용어이다. 하지만, 머지않아 이런 가상현실과 증강현실은 모두 확장현실에 포함될 가능성이 높다. 다음에 설명할 메타버스의 등장이 이에 대한 대표적인 예이다.

53) 이와 비슷한 개념의 하나로 디지털 트윈(digital twin)을 들 수 있다. 디지털 트윈이란 컴퓨터에 실제 사물의 쌍둥이를 만들고 현실에서 발생할 수 있는 상황을 대입하여 결과를 예측하고 그 결과를 디지털 정보로 기록하는 것을 말한다. 현실 세계와 디지털 세계를 실시간에 가깝게 연결하는 것이 핵심이기에 기존의 시뮬레이션과는 다르다.

54) 매일 경제 2021년 6월 8일 참조. https://www.mk.co.kr/news/it/view/2021/06/554117/

55) IFR (2019)에서 인용.

56) 여기서의 내용은 졸저 (2020) 제2부 제4장과 제4부 제2장 2절의 내용을 수정 인용한 것이다.

57) 책 제목은 다음과 같다. The Precariat: The New Dangerous Class. 자세한 것은 가이 스탠딩 지음, 김태호 옮김, 『프레카리아트』, 박종철 출판사 2014.를 참고할 것.

58) 미주 57의 김태호 전게서, pp. 58-60을 참조.

59) Credit Suisse (2019)의 보고서 참조.

60) 중앙일보와 서울신문의 기사를 참조.

61) 세계은행의 통계를 인용한 다음의 서울신문 기사 참조. https://www.seoul.co.kr/news/

newsView.php?id=20201009002004

62) 경향신문 2021년 하반기 '절반의 한국' 특집.

63) 한겨레신문 2008년 11월 2일자 칼럼. https://www.hani.co.kr/arti/opinion/column/319525.html

64) 이하의 주요 내용들은 졸저 (2020) 제2부 제8장의 내용들을 확대, 수정, 보완한 것이다.

65) 가상화폐와 암호화폐는 다음과 같이 구분될 수 있다. 아래의 내용은 위키피디아에서 인용한 것이다. "유럽중앙은행(ECB), 미국 재무부, 유럽은행감독청에서 내린 정의에 따르면, 가상화폐란 정부에 의해 통제 받지 않는 디지털 화폐의 일종으로 개발자가 발행 및 관리하며 특정한 가상 커뮤니티에서만 통용되는 결제 수단을 말한다. 이 정의에 따르면 대부분의 암호화폐는 디지털 화폐이면서 가상화폐이다. 하지만 상당수 온라인과 오프라인 매장에서 결제 수단으로 받는 비트코인은 디지털 화폐이기는 하나, 가상화폐는 아니게 된다. 대부분의 암호화폐는 개발자가 발행하지 않기 때문이다."

66) https://n.news.naver.com/article/081/0003225391 의 기사를 참고.

67) 이에 대한 자세한 설명은 Kim (2019)을 참고.

68) 2019년 10월 중국의 시진핑 주석은 블록체인을 적극 육성하겠다는 의지를 표명함.

69) 필자는 이 시기를 디지털경제 2.0의 시대라고 부른다. 이 시대를 모바일 혁명의 시대라고 부르며 본격적인 융합이 시작된 시기로 본다. 자세한 논의는 졸저 (2016)을 참고.

70) 기업과 산업이 융합의 강을 건너면 그 기업과 산업을 만든 기술도 역시 그 강을 건너게 된다. IT (Information Technology: 정보기술)은 여전히 독보적이지만 이제 이 기술이 NT (Nano Technology: 나노기술), BT (Biotechnology: 바이오 기술), ET (Environment Technology: 환경기술)과 연결되면 새로운 장이 열리게 된다. 모든 기술은 IT가 되고, IT는 모든 기술과 연결되게 된다.

71) 이에 대한 자세한 설명은 1부 6장 이후를 참고하기 바란다.

72) 산업혁명에 대한 자세한 논의는 이 책의 2부 2장을 참고하기 바란다.

73) 디지털사회 혹은 디지털 경제에 대한 자세한 이해를 위해서는 졸저 (2006, 2016)을 참고하기 바란다.

꿈꾸는 자의 길, 그리고 세계를 보다

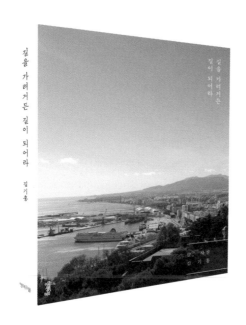

길을 가려거든 길이 되어라

김기홍

그의 몽상을 따라 여행을 나서면 '이미지와 언어'가 길에서 얻은 경험이라는 것을 알게 된다. 여행지에서 맛본 자잘한 기쁨과 슬픔 그리고 고독함이 세밀하게 표현되어 있다. 일상의 소음에 묻혀 사는 나는 김기홍의 산문집을 통해서 "길 위에서 꿈꾸는 자의 영혼이 왜 아름다운지"를 다시 성찰하게 되었다.

_ 이병일, 시인

INSIGHT SERIES 1

자본의 방식

유기선

KAIST금융대학원장 추천

자본은 어떤 방식으로 당신을 지배해 왔는가?
금융, 역사 철학, 심리 등으로 풀어내는 이야기들

〈자본의 방식〉*은 금융과 주식시장에 관한 학자들의 사상을 거슬러 올라가 '돈과 자본이란 어디로 와서 어디로 흘러가는가?'에 대한 의문을 금융의 역사와 철학, 심리 등을 토대로 살펴본다. 수많은 정보들 중에서 '자본과 관련된 47가지 이야기'를 추려서 쉽고 단순화했다. 금융 시장의 메커니즘, 금융재벌 JP 모건의 이야기, 리스크, VaR와 신용 네트워크 등의 개념을 짚어가며 자본이 우리 일상에 어떻게 영향을 미치게 되었는지를 풀어나간다.

*출판문화진흥원 창작지원사업 당선작품

재미의 발견

김승일

대만 수출 도서

100만 구독자, 1000만 관객, 高 시청률의 비밀
재미를 만들고 증폭하는 원리를 이해하라

상영시간이 대체 언제 지나갔는지 궁금하게 만들 정도의 영화, 종영이 다가오는 것이 아쉬웠던 드라마, 나도 모르게 구독 버튼이 눌러지던 유튜브 영상… 어떤 콘텐츠가 재미있는 이유는 뭘까? 재미있는 콘텐츠는 공통적으로 보는 이로 하여금 눈을 떼지 못하게 한다. 즉, 시청자를 당혹하고 집중하게 한다. 저자는 100여 개의 인기 콘텐츠에서 시청자가 당혹하고 집중한 장면을 주목하고, 그곳에서 공통점을 뽑아낸다.

꾸준히 사랑받는 ──────────────────

🌙 ──────── 에세이/시 시리즈

☆ ──────── 여행 에세이 시리즈

──────────────────────────── 콜렉션

+ + +

"손가락 사이로 미끄러지는 빛은 우리의 마음을 헤쳐 놓기에 충분했고, 하얗게 비치는 당신의 눈을 보며 나는, 얼룩같은 다짐을 했었다"
_ 이제, 〈옷을 입었으나 갈 곳이 없다〉 일부

"곁에 머물던 아름다움을 모두 잊어버리면서 까지 나는 아픔만 붙잡고 있었다. 사랑이라서 그렇다."
_ 금나래, 〈사랑이라서 그렇다〉 일부

"'사랑'을 입에 담지 말 것. 그리고 문장 밖으로 나오지 말 것."
_ 윤소희, 〈여백을 채우는 사랑〉 일부

"구름 없이 파란 하늘, 어제 목욕한 강아지, 커피잔에 남은 얼룩, 정확하게 반으로 자른 두부의 단면, 그저 늘어놓았을 뿐인데, 걸음마다 꽃이 피었다."
_ 에피, 〈낙타의 관절은 두 번 꺾인다〉 일부

+ + +

김경미의 반가음식 이야기

〈여성조선〉 칼럼에 인기리에 연재된 반가음식 이야기 출시

김경미 선생이 공개하는 반가의 전통 레시피

하나. 균형잡힌 전통 다이어트 식단

둘. 아이에게 좋은 상차림

셋. 몸을 활성화시켜주는 상차림

넷. 제철 식단과 별미음식

전통음식 연구가이자 대통령상 수상 김치명인인 김경미 선생은 우리 전통음식의 한 종류인 '반가음식'을 계승하고 우리 전통문화의 멋을 알리고자 힘쓰고 있다. 대학과 민간연구소에서 전통음식 연구에 평생을 전념했다. 김경미 선생은 국민훈장 목련장을 수상한 바 있는 반가음식의 대가이신 故 강인희 교수의 제자이다.

[Instagram] banga_food_lab

뉴욕 사진 갤러리 <small>최다운</small>

라이선스를 통해 가져온 세계적 거장들의 사진을 즐길 수 있
는 기회! 깊이 있는 작품들과 영감에 관한 이야기들
:

존 시르, 마쿠스 브루네티, 위도 웜스, 제프리 밀스테인, 머레
이 프레데릭스, 티나 바니, 오사무 제임스 나카가와, 다나 릭
셴버그, 수전 메이젤라스, 리처드 애버든, 로버트 메이플소프,
안셀 애덤스, 어윈 블루멘펠드, 해리 캘러한, 아론 시스킨드

내 인생을 빛내줄 사진 수업 <small>유림</small>

사진 입문자들을 위한 기본기부터 구도, 아이디어, 여행
사진 노하우, 스마트폰 사진까지. 좋은 사진을 찍고자 하
는 사람이라면 누구에게나 도움이 될 수 있는 사진 지식
과 노하우를 담았다.

당신의 어제가

나의 오늘을 만들고

김보민

김보민

당신의 어제가 나의 오늘을 만들고

당신의 어제가
나의 오늘을 만들고

당신의 어제가 나의 오늘을 만들고

김보민

김보민 에세이

오늘은 새로 산 욱색 팟잔에 초록빛
우롱차를 가득 담은 날

행복우물

행복우물

내일의 당신에게서는 보라색 향기가 풍겨오면 좋겠어요

행복우물 연시리즈 _____ essay 05

너의 아픔
나의 슬픔

누구나 저마다의 사연이 있다

양성관

환자가 죽고 싶다고 하면 의사인 우리는 ......

행복우물 연시리즈 _____ essay 06

행복우물출판사 도서 안내

● STEADY SELLER

○ 사랑이라서 그렇다 / 금나래

"내어주는 것은 사랑한다는 말, 너를 내 안에 담고 있다는 말이다"
2017 Asia Contemporary Art Show Hong Kong,
2016 컬쳐프로젝트 탐앤탐스 등에서 사랑받아온 금나래 작가의 신작

○ 여백을 채우는 사랑 / 윤소희

"여백을 남기고, 또 그 여백을 채우는 사랑. 그 사랑과 함께라면
빈틈 많은 나 자신도 온전히 좋아하며 살아갈 수 있을 것 같다."
'채우고 싶은 마음과 비우고 싶은 마음'을 담은 사랑의 언어들

● BOOK LIST

○ 리플렉션: 리더의 비밀노트 / 김성엽 ○ 음식에서 삶을 짓다 / 윤현희 ○ 삶의 쉼표가 필요할 때 / 꼬맹이여행자 ○ 벌거벗은 겨울나무 / 김애라 ○ 청춘서간 / 이경교 ○ 가짜세상 가짜 뉴스 / 유성식 ○ 야 너도 대표 될 수 있어 / 박석훈 외 ○ 아날로그를 그리다 / 유림 ○ 자본의 방식 / 유기선 ○ 겁없이 살아 본 미국 / 박민경 ○ 한 권으로 백 권 읽기 / 다니엘 최 ○ 흉부외과 의사는 고독한 예술가다 / 김응수 ○ 나는 조선의 처녀다 / 다니엘 최 ○ 하나님의 선물―성탄의 기쁨 / 김호식, 김창주 ○ 해외투자 전문가 따라하기 / 황우성 외 ○ 꿈, 땀, 힘 / 박인규 ○ 바람과 술래잡기하는 아이들 / 류현주 외 ○ 어서와 주식투자는 처음이지 / 김태경 외 ○ 신의 속삭임 / 하용성 ○ 바디 밸런스 / 윤홍일 외 ○ 일은 삶이다 / 임영호 ○ 일본의 침략근성 / 이승만 ○ 뇌의 혁명 / 김일식 ○ 멀어질 때 빛나는: 인도에서 / 유림

행복우물 출판사는 재능있는 작가들의 원고투고를 기다립니다
(원고투고) contents @ happypress.co.kr